මරණයේ දිනපොත

මිය යන්නවුන්ගේ අප්‍රකට සටහන්

කිරිබත්ගොඩ ඥානානන්ද හිමි

මරණයේ දිනපොත

මිය යන්නවුන්ගේ අප්‍රකට සටහන්

කිරිබත්ගොඩ ඥානානන්ද හිමි

ISBN : 978-624-5524-09-9

© සියලුම හිමිකම් ඇවිරිණි.

මුද්‍රණය : ශ්‍රී බුද්ධ වර්ෂ 2565 / ව්‍යවහාරික වර්ෂ 2022

සම්පාදනය

මහමෙව්නාව භාවනා අසපුව
වඩුවාව, යටිගල්ඔළුව, පොල්ගහවෙල.
දුර : 037 2244602
info@mahamevnawa.lk
www.mahamevnawa.lk

ප්‍රකාශනය

මහාමේඝ ප්‍රකාශකයෝ
වඩුවාව, යටිගල්ඔළුව, පොල්ගහවෙල.
දුර : 037 2053300, 076 8255703
info@mahamegha.store
www.mahamegha.store

මුද්‍රණාලය

ලීඩ්ස් ග්‍රැෆික්ස් (පුද්.) සමාගම,
අංක 356 E, පන්නිපිටිය පාර, තලවතුගොඩ.
ටෙලි: 011-4301616 / 0112-796151

"ධම්මෝ හි වාසෙට්ඨා, සෙට්ඨෝ ජනේතස්මිං
දිට්ඨේ චේව ධම්මේ, අභිසම්පරායේ ච."

වාසෙට්ඨයෙනි, මෙලොවෙහි ත්, පරලොවෙහි ත්
ජනයා අතර ධර්මය ම ශ්‍රේෂ්ඨ වෙයි.

- භාග්‍යවත් බුදුරජාණන් වහන්සේ -

පෙළගැස්ම

1.	මරණයේ දිනපොත	7
2.	සිය කැමැත්තෙන් මරණය වැළඳගන්නෝ	10
3.	මරණය වෙත ම පළවාහරිනු ලබන්නෝ	15
4.	අනතුරුවලින් මරණයට පත්වීම	21
5.	ස්වාභාවික විපත්වලින් මරණයට පත්වීම	24
6.	රෝදුක්වලින් මරණයට පත්වීම	27
7.	මරණය පිටුපස ඇති මහා නිරය	32
8.	මරණයේ දොරටුවෙන් නිරයට පිවිසෙන්නෝ	35
9.	මරණයේ දොරටුවෙන් ප්‍රේතලොව යන්නෝ	52
10.	මරණයේ දොරටුවෙන් තිරිසන් ලොව යන්නෝ	63
11.	මරණයේ දොරටුවෙන් අසුර ලොව යන්නෝ	71
12.	මරණයේ දොරටුවෙන් නාලොව යන්නෝ	77
13.	මරණයේ දොරටුවෙන් දෙව්ලොව යන්නෝ	82
14.	මරණයට අභියෝග කළ හැකි ද ?	86
15.	මරණය දිනුවෝ කවරහු ද?	90
16.	මච්චුරාජා, මරණයේ අධිපති මහරජු	108

මරණයේ දිනපොත

මිය යන්නවුන්ගේ අප්‍රකට සටහන්

1

මරණය වූ කලී ලොව උපන් කාගේත් ඒකාන්ත උරුමය ය. මරණය පිළිබඳ දොඩන්නෝ සිටිත් නම්, ඔවුහු ඉතා අල්පයහ. මරණය ගැන කතා කිරීම බොහෝ අයට නුරුස්සයි. ජීවිතයට මරණය තරම් ළං ව ඇති අන් කිසිවක් ඇද්ද! එහෙයින් මරණය යනු කිමෙක්දැයි සෙවිය යුතු නොවේද? නොගැඹුරු දියරළ බිඳ මහාසයුරට පිවිස, එහි පාතාලය තෙක් ගැඹුරට කිමිද අස්සක් මුල්ලක් නෑර විමසා තොරතුරු සොයන සෙයින් මරණය නමැති අඳුරු පාතාලයේ ගැඹුරට කිමිද එහි සැබෑ තතු සෙවීමෙහි වරද කිම?

කිසිවෙකුටත් ළ-ගන්නාසුලු නොවූ නමුදු, සුන්දර නොවූ නමුදු, ආහ්ලාදජනක නොවූ නමුදු, භය භීතියෙන් පිරී ගිය මරණය පිළිබඳ සැබෑ තතු දැනගන්ට දැනගන්ට

ජීවිතය පිළිබඳ දැක්ම ද පුළුල් ව පෙනෙන්නේය. එකල්හි මේ දිවිය පිළිබඳ සීරුවට කල්පනා කළ හැක්කේය. ඉවසීමෙන් යුතුව නිසොල්මනේ විමසා අවබෝධ කටහැක්කේ ය. තිරිසන් සතුන්ගේ සිත පවා බියකරු බවින් වියරු වට්ටවනසුලු මරණය ගැන සිතිය යුත්තේ මිනිසුන් බඳු සිතීමේ හැකියාව ඇති අය නොවේ ද! සත්තෙකින් ම මරණය පිළිබඳ සැබෑ තතු පිරික්සා එහි සැඟැවුණු තැන් කතා නොකරන තාක් කිසිවක් කතා කොට නැත්තේය.

'මරණයේ දිනපොත' කවදා කොතැනක කෙසේ ඇරඹුණේ දැයි දන්නා දක්නා කිසිවෙක් ලොව නැත්තේය. එහි ආරම්භය කෙසේ නම් සොයන්ට ද! 'මේ සත්වයා කලින් නොමැරී සිටියේය, අසවල් තැන සිට මැරෙන්ට පටන් ගත්තේය' යි සුරංගනා කතාවක් පවසා මඟහරින්ට පුළුවන්කමෙක් නැත්තේය. උපන් මිනිසා මියගිය පසු ඔහුගේ ආත්මය පමණක් ඔහු ඉපිදවූ එක්තරා දේවතාවෙකු ළඟ සදාකල් නවතින්නේය යි අලංකාර කතා කොතෙකුත් කියා මරණයේ තොරතුරු වසා තැබිය හැකිමුත් එසේ කී පමණින් දුකින් ගැලවෙන්ට නොහැක්කේය. 'කුමට නම් මරණය ගැන බියවෙම් ද? වාහනයෙක අවයව ගැලවූ කල පණ ගන්වා පැදවිය නොහැකි සෙයින් සත්වයා මියගිය පසු හිස් අවකාශයට ඔහුගේ සියල්ල මුදාහැරේ. ඔහු ගතකළ එක ම ජීවිතය එක ම මරණයකින් කෙළවර වේ. මෘතදේහය සොහොනට ඇරලවීමෙන් පසු ඔහුගේ නැවත පැමිණීමෙක් කොයින් ලබන්ට ද!' යි කියා තවෙකෙක් ඒ අඳුරු දැක්මෙහි අන්‍යයන් ද සමාදන් කරවයි. ඇතැමෙක් යළි යළි උපදින්ට කැමති ය. ඒ

කියනුයේ යළි යළි මැරෙන්ට කැමති වග නොවේ ද? බොහෝ විට තිබෙනුයේ කවුරුන් හෝ තම තමන් දන්නා කරුණු ගලපා තර්ක කොට කී දෙයක්, අසා කියවා දැන ඒ අනුව කීම හැර මරණය විසින් ස්වයං දර්ශනයෙකින් පෙන්වා දුන් දෙයක් ද?

සත්තෙකින් ම මරණය යනු විනිවිද නොපෙනෙන, තම ඉඳුරන් අබියස මුළුමනින් ම අපැහැදිලි, තමා හාත්පස වටකොට ඇති, එක්තරා මායාකාරී මහා තිරයකින් මෙපිට දිස්වන සිදුවීමෙකි. සියලු අර්බුද ඇත්තේ ඒ මහා තිරය පිටුපස ය. ඉමක් කොණක් නැති දැඩි ආශා වරපටින් ගැට ගසන ලද සත්වයන්ගේ දෝරගලා යන කායික මානසික අනේක දුක්ඛ සන්තාපයන් ඇත්තේ ඒ මහා තිරය පිටුපස ය. අවුල් වියවුල්වලින් පිරීගොස්, දහ අතේ අතරමං වූ, අඳෝනා නගන ජීවිත ඇත්තේ ඒ තිරය පිටුපස ය. ඒ මහා තිරය ඈත් මෑත් කොට තිරයෙන් එහා ලෝකයට එබිකම් කොට බැලීම කිසිසේත් ලේසි පහසු කටයුත්තෙක් නම් නොවේ. එනිසා ම ලොවෙහි සැබෑ තතු නොදත් බොහෝ අය සිතනුයේ මරණය යනු පවතින දුකින් නිදහස් ව නිස්කලංක සුවයට නිසි සොඳුරු උයනකට පිවිසෙන දොරටුවක් කියා ය. එකල්හි ඔවුනට මරණය දිස්වනුයේ තමා විඳවමින් සිටින දුක් දොම්නස්වලින් තමාව මුදවා ගන්නා සොඳුරු දූතයෙකු ලෙස ය. මරණය පිළිබඳව ඇති නොතේරුම්කම එතරම් ම මායාකාරී ය. එතරම් ම නොමග යවනසුලු ය.

සිය කැමැත්තෙන් මරණය වැළඳගන්නෝ

②

'ඉවසිය නොහැකි තරමේ මෙවන් දුක් පීඩා විඳිමින් ගෙවන ජීවිතයේ අරුත කිම! පේන තෙක් මානයෙක සහනයක් අස්වැසිල්ලක් නැති දිවියක් ගෙවමින් මා කුමක් ලබන්ට ද! අවසානයක් නොමැති දුක් කම්කටොලු නිමාවන තෙක් තව කෙතෙක් කල් නම් බලා සිටින්ට ද! ගනු ලබන හැම විසඳුමක් ම ව්‍යර්ථ වන කල්හි යන්ට වෙනත් දිශාවක් කොයින් සොයන්ට ද! මෙසේ දිවි ගෙවීමට වඩා මියයාම මොනතරම් උතුම් ද!' යි සිතමින් සුසුම් හෙළන්නෝ ලෝකයෙහි බොහෝ ය. ඔවුනට ජීවත් වීම තිත්ත ය. මරණය යැ මිහිරි.

මේ විඳවමින් සිටිනුයේ තමා විසින් ම කිසියම් පෙර අත්බවෙක තවත් කිසිවෙකුට කරන ලද දුෂ්ට ක්‍රියාවක ඵලයක් නොවිය හැකි ද! දිවියෙහි යථා තතු තේරුම්

ගෙන නිහඬ ව ඉවසා දරාගැනීමට සමත්වනතුරු බොහෝ ජීවිත අවට සැරිසරනුයේ මරණයේ සෙවණැල්ල ය. මරණයෙන් එහාට සිය පැවැත්ම කුමක් වුව කම් නැත. මේ තිත්ත වූ දිවියට සමු දිය යුත්තේ ම ය යි සිතා ඇතැමෙක් පහසුවෙන් මරණය වැළඳගත හැකි විදිහක් තමා අවටින් සොයයි. ඒ පිළිබඳව ම වරින් වර සිතට නැගී ඒ.

කිසියම් වසක් විසක් දුටුවිට 'මට ඇති එක ම විසඳුම ඇත්තේ මෙතැන නොවේ ද!' කියා එය සිතෙහි සනිටුහන් කරගනී. එසේත් නැතිනම් ගැඹුරු ආගාධයෙකින් යුතු ළිඳක් සිහි වේ. කිසිවෙකුට නොදන්වා රහසේ ම ළිඳට පැන මේ දිවිය නසා ගන්ට ඇත්නම් මැනවි! යි සිතයි. ළිඳට පැනගත්විට කෙමෙන් කෙමෙන් ළිං පතුලට මා කිමිදී යනු ඇත්තේය. හුස්ම ගත නොහැකි පරිදි ජලයෙන් මුළු කය වසාගත් විට දැන් මා විඳිනා හැම දුක් නිරුද්ධ වන්නේය. එකල්හි මට සැනසිල්ලක් අත්නොවේ ද!

හඬ නංවා දුම්රිය එනවිට ඒ දුම්රිය මාවත දෙස බලමින් ඇතැමෙක් මරණයේ සිහින මවයි. අධිකතර වේගයෙන් කඩා පනිනා, යකඩින් කරන ලද මේ දුම්රියට වැදී, ගිනිසේ රත් ව ගිය රෝදයට කැපී, මා මියගියහොත් මට දෙවරක් සිතන්ට දෙයක් කොයින් ද! ජීවත් ව සිටින අය මා දිවි නසාගැනීම ගැන කුමක් කීව ද, මාගේ දුක් දොම්නස් පිස දමන්ට ඒ කාටත් බැරි විය. මට ඇති එක ම විසඳුම මෙය නොවේ ද!

වාහනය පදවමින් යන ඇතැමෙකුට සිතෙනුයේ වේගයෙන් පදවා කිසියම් තැනක එය හප්පාගෙන දිවි

නසාගන්ට ය. තවෙකෙක් සිය නිවසේ තනි වී අනේක දුක් පීඩාවනට බඳුන් ව ඇති ජීවිත පැවැත්ම ගැන ඉවසාගත නොහැකි ව කොණක් පොටක් නොදක්නා කල්පනාවෙක පැටලේ. එවිට නිවස තුළ ඉබාගාතේ ඇවිද යයි. ඔහු හෝ ඇය යහනේ උඩුබැලි අතින් සැතැපී 'අනේ මට ඉක්මනින් මේ දුකින් නිදහස් වනු පිණිස මැරෙන්ට පිළිවෙළක් ඇත්නම්! කාත් කවුරුත් නැති මොහොතෙක කඹයක් හෝ අඩුගණනේ සාරියක් හෝ ගෙන මේ විදුලිපංකායෙහි ගැටගසා ගෙල වැළලාගෙන මරණය වැළඳගත යුතුය. පුටුවක් මත නැගී තොණ්ඩුව ගෙලෙහි බහා තද කොට පුටුවට පයින් ගැසිය යුතුය. එකල්හි මා දැමූ තොණ්ඩුව ගෙලෙහි සිර ව, උගුරුදණ්ඩ කැඩී, හුස්මගත නොහැකි ව මා මියයනු ඇත්තේය. එවිටවත් මට අස්වැසිල්ලක් නොලැබෙන්නේ කිම! මේ දුක්ඛිත දිවියෙන් කිම එකල්හි නිදහස් නොවන්නේ ද!'

තවත් අය මරණය කැඳවන ඖෂධ අධිකව පානය කොට දිවියෙන් සමුගන්ට කැමති ය. ඔවුහු බොන්ට හැකිතාක් ඒ බෙහෙත් බී යහනට ගොස් දිගාවෙති. දුක් දොම්නස් නැති යම්කිසි ලොවකට මරණය විසින් තමා කැඳවාගෙන යනු ඇත්තේ යැයි සිතා නෙත් පියා ගනිති.

මේ දිවිය ඉක්මනින් නිමා වී මැරී යන්නේ නම් කෙතරම් මැනවි දැයි සිය දහස් වර කියන්නෝ බොහෝ ය. දිවි නසාගත් විට දැන් විඳිමින් සිටින සියලු දුක් නිමා නොවන්නේ දැයි සිය දහස් වර සිතන්නෝ බොහෝ ය. තව සමහරු මරණය වැළඳගනු පිණිස ආසන්නයට ම ගොස් යළි පියවරක් පසුවට ගෙන කල්පනාවට වැටෙති. මා කොහොමත් මැරී යන්නේය. එහෙයින් තව ස්වල්පයක්

ඉවසුව මනා ය. අහෝ! එහෙත් කෙතෙක් කල් නම් ඉවසන්ට ද! එකල්හි යළිත් සිත අවුල් වේ. හිස තද වේ. දෑස කකියයි. වේගයෙන් හුස්ම වැටේ. මැරෙන්ට සිතා සිටි ක්‍රමය වෙනස් කොට වෙනත් පහසු ක්‍රමයෙකින් මිය යා හැකිදැයි කල්පනා කරයි. නැවත නැවතත් මරණය ම පතයි. මිය ගියවුන් දෙස බලා සැනසුම් සුසුම් හෙළන්නෝ ද සිටිති. 'අසවල් තැනැත්තා මහභාග්‍යවන්තයෙකි. මේ සා දුක් දොම්නස්වලින් පිරි කටුක දිවියෙන් අත්මිදී යාන්තම් නිදහස් වී කිසියම් සුව පහසු විවේකී තැනකට හේ ගියේය' කියා ය. මරණය පිටුපස තිරයෙන් එපිට නිදහස්, විවේකී, විශ්‍රාමික තැනක් ඇත්තේය යන්න ඔවුන්ගේ හැඟීම ය.

සිය කැමැත්තෙන් මරණය වැළඳ ගැනීම හෙවත් දිවි නසාගැනීම ඇතැම් රටවල සාමාන්‍ය දෙයකි. මියගියවුන් පිළිබඳ සත්‍ය තොරතුරු ජීවත් වන්නවුනට ලැබෙන්ට පිළිවෙළක් නැතිකම නිසා එහි සැබෑ තතු වටහාගන්ට කොහෙත්ම බැරි ය. මරණය පිළිබඳව බොහෝ අය සිතනුයේ තම තමන්ගේ ඇදහීම්, විශ්වාස හා දැනඋගත් ආකල්ප අනුව ය. 'මියගිය පසු ඔවුහු වෙනත් ලොවෙක අඬදබර හැලහැප්පිලි නැති, නිස්කාංසු පරිසරයෙක, මුවග නැගි සිනහවෙන් යුතුව, සිය නෑසියන් හා එක්ව කල් ගෙවත්. ඒ මළවුන්ගේ ලොව ඉතා සුවදායක ය. මාගේ අසවල් අසවල් අය දැන් එහි වසත්. වැඩි කල් නොගොස් මා ද එහි එති යි ඔවුහු නෙත් දල්වා බලා නොසිටිත් ද! මා ද මේ කරදරකාරී දිවියෙන් සමුගෙන ඔවුන් හා එක්ව වුසුව මනා ය' යි මළවුන්ගේ ලොවට යන්ට ආශාවෙන් සිටින්නෝ බොහෝ ය. මිනිසාගේ ජීවන චර්යාව වේගවත් වී අවිවේකී බව වැඩිවෙන්ට වැඩිවෙන්ට ඔහුගේ වෙහෙස

ද වැඩි වේ. අනේක වෛවර්ණයෙන් යුතු කාම වස්තූන් ඔහු වටකොට ඔහුගේ නෙත් බමවයි. හැකිතාක් දේ අත්පත් කොට සැප විඳීම ඔහුගේ ඒකායන ප්‍රාර්ථනය වේ. ඒ වෙනුවෙන් අනවරත වෑයමෙක යෙදෙමින් සිටිනවිට මානසිකව අධික ලෙස හෙම්බත් වීම කෙසේ නම් වළක්වන්ට ද! වළක්වනු නොහැකි ම ය. කිසියම් අපහසු පරිසරයෙක ගොදුරක් ව එහි දැඩිව සිරවී වාසය කරන්ට සිදුවුවහොත් ඔහුට වෙනත් විකල්පයක් ද නොපෙනේ නම් ඇතිවන පීඩනය කෙසේ නම් දරාගන්ට ද! දරාගත නොහැකි ම ය. එතැනින් පලාගොස් සැඟවිය හැකි තැනක් ද ඔහුට නොපෙනේ. එකල්හි බොහෝ විට එවැනි අයගේ එක ම තේරීම බවට පත්වන්නේ මරණය ය. ජීවිතයකට උසුලාගත නොහැකි තරමේ ඔරොත්තු නොදෙන බරක් කරගසාගත්විට බෙහෙවින්ම පෙළෙන්නේ ඔවුන්ගේ සිත ය. එකල්හි සිතනුයේ ම ආදරයෙන් මරණය වැළඳගන්ට ය.

මරණය වෙත ම පළවාහරිනු ලබන්නෝ

3

මේ ලෝකයේ තිරිසන්ගත සතුන් අතරේ මේ ලක්ෂණය දකින්ට ලැබෙනුයේ කලාතුරකිනි. සිය කුස දරුවන් ඇති වග දැනගත්විට තිරිසන්ගත මව්සත්තු එය දරාගනිමින් පාඩුවේ සිටිති. ඒ තිරිසන් මව්වරු නිසි කල්හි පැටවුන් වදති. ඔවුනට තේරෙන පරිදි සිය සත්ව දරුවන් පෝෂණය කරති. තිරිසන් මවකට තම දරුගැබ පිළිකෙව් කොට කුසට පහර දී ඒ ආගන්තුකයා පළවා හරින්ට පුළුවන්කමෙක් නැත්තේය. එහෙත් බැල්ලියන්, බැළලියන් ආදී සතුන් ඇතැම්විට පැටවුන් වැදූ සැණින් කාදමා ඔවුන් යළි මළවුන් අතරට පළවාහරිනු ඉඳහිට දකින්ට ලැබේ.

මිනිසුන්ගේ ලෝකය එයට වඩා හාත්පසින් ම බියකරු ය. ඇතැම් මිනිස් මව්වරු සිය කුසට පැමිණි දරුවන්

කෙරෙහි දැඩි අමනාපයෙන් යුතුව මව්කුස තුළදී ම ඔවුන් ඝාතනය කොට මළවුන්ගේ ලෝකයට ම පළවාහරිති. මිනිස් මව්කුසකට ඒ සත්වයා පැමිණෙනු ඇත්තේ කල්ප කාලාන්තරයක් මුළුල්ලේ වෙනත් ලොවෙක කටුක දුක් විඳ අවසන් කොට විය හැකිය. මිනිස් මව්කුස පිවිස, ඇස් කන් ආදී ඉඳුරන් ලැබ, නිසි කල බිහිවී, ලොව යනු කිමෙක්දැයි නෙත් දල්වා බැලීමේ වාසනාව අහිමි වූ සත්වයන්ගේ ප්‍රමාණය ගිණිය නොහැකි තරම් ය. ගෙවී යන හැම තත්පරයෙකදී ම ලෝකයෙහි කොතැනක හෝ මිනිස් මවක් සිය කුස උපන් දරුවා ඝාතනය කොට මළවුන් අතරට යවයි. මව්කුසට පැමිණෙන හැම වර ම යමෙකු මෙසේ ඝාතනයට බඳුන් ව මළවුන් අතරට පළවා හරිනු ලැබේ නම්, ඔහු ඒ ඉරණමට කී වතාවක් මුහුණ දියයුතු දැයි කිසිවෙක් නොදනිති. එය සිය දහස් වාරයකටත් වඩා බොහෝ වැඩිවිය හැකිය. එක ම සත්වයෙකු මව්කුසෙන් මව්කුසට යමින් අනන්ත වාර ගණනක් ඝාතනයට ලක්වේ නම් එය ඔහුගේ ම අවාසනාව මිස වෙන කුමක්ද! ඝාතනයට ලක්වන වාරයක් පාසා එසේ මැරුම් කන සත්වයා මරණයේ තිරය පිටුපස කුමන ලෝකයක වසනවා ඇත්ද!

යම් සත්වයෙක් මිනිස් මවකගේ කුසෙහි පිළිසිඳ ගනී. එකල්හි ඒ මව සිය උණුසුම ලබාදී ස්නේහයෙන් රැක, දුකසේ බිහිකොට, ලේ කිරි කොට පොවා, කැත කුණු අතගා ඇතිදැඩි කොට, වැඩීගිය මිනිසුන්ගේ ලොවට ඒ දරුවා එක්කළ කල්හි, එවන් දරුවෙක් එසේ දුකසේ ලැබගත් දිවිය පිළිකෙව් කොට සිය දිවි නසාගන්නේ නම්, එවැන්නෙකුට යළි කෙසේ මව්කුසක් ලැබේවි දැයි කවුරු

දනිත් ද! තමා විසින් ලද මිනිස් දිවිය මෙසේ ප්‍රතික්ෂේප කළ කල්හි යළි මිනිස් දිවියක් කෙසේ ලැබේ දැයි කාට නම් කිව හැකි ද?

මනුලොව මව්කුස ප්‍රතික්ෂේප වීම හේතුවෙන් යම් සත්වයෙක් තිරිසන් මව්කුසක පිළිසිඳ ගතහොත්, ඔහුට කරදරයක් නැතිව ඉන්ට හැකි වන්නේ ඒ මව්කුස තුළ ගෙවන කාලයේ පමණ ය. උපන් මොහොතේ සිට ඔහු වටා ගැවසෙනුයේ මරණයේ සෙවණැල්ල ම ය. වෙනත් බලවත් සතෙකුගේ තියුණු දත්වලට හෝ තියුණු තුඩකට හෝ නිය පහරකට හෝ ගොදුරු වී මරණය පැමිණිය නොහැකි ද! එසේත් නැතිනම් සත්වගාලකට කොටුකරන ලදුව ගෙල සිඳීමෙන් හෝ බුබුළු දමමින් උතුරන දියහැළියකට පණපිටින් බැස්සවීමෙන් හෝ මරණය වැළඳගන්ට සිදුවන්නේය. එසේ වුවහොත් ඒ දුක්ඛදායක ඉරණමට ඒ සත්වයා කී වතාවක් කෙතෙක් කල් මුහුණදිය යුතුදැයි දන්නෝ කවරහු ද!

මව්කුසට පැමිණියෙකු ඒ කුසෙහි වැඩෙන්ට නොදී, ඝාතනය කොට, මනුලොව දොරටු වැසීම ලෙහෙසි දෙයක් සේ එය කරනවුනට පෙනෙනු ඇත. එහෙත් ඒ ඉරණමට ගොදුරු වන සත්වයා මුහුණ දෙනුයේ බරපතල කරදරයකට ය. කර්මය විසින් ඔහු කොතැනක රැගෙන යාවිදැයි දන්නෙක් නැත්තේය. යම් හෙයකින් තිරිසනුන්ගේ ලොවෙහි උපදින්ට සිදුවුවහොත් ඒ ලෝකයෙහි තිබෙනුයේ බලවතා විසින් දුබලයා කාදැමීම ය. එසේ මියයන දුබලයා යළි මළවුන් අතරට ම යයි. තිරිසන් නමුදු සත්වයෝ මැරෙන්ට කැමති නැත්තෝ ය. ජීවත් වෙන්ට ම කැමති ය. එකල්හි තම තමන්ට

ආවේණික උරුම වූ ශබ්ද නගමින් ජීවිතය ම ඉල්ලන සතුන් කෙතෙක් ද! මරණයෙන් ගැලවී වැඩි කල් ජීවත් වෙන්ට තද ඕනෑකමක් සතුන් තුළ ද ඇත්තේය. එහෙත් කුමක් කරන්ට ද! මරණයට එරෙහි ව සතුන් දක්වන විරෝධයට කවුරු නම් සවන් දෙත් ද! මරණ භීතියෙන් ගොළු වී සිටින ඇතැම් සත්තු තම නෑසියන් මරණයට ලක්වෙද්දී ඒ වගක් නොදත් සේ නිහඬ ව කරබාගෙන සිටිති. සිය නෑසියන් මරණභයින් තැතිගෙන මළ මූ පහකරගනිමින් හඬා වැලපෙන කල්හි හැම අතින් ම දිස්වනුයේ ජීවත්වීම නොව මරණය නම්, බලාසිටීම හැර අන් කුමක් කරන්ට ද!

මනුලොව මිනිසුන් අතර ද සත්ව ලෝකයට වඩා ලොකු වෙනසක් නැති තරම් ය. මේ පෘථිවි මණ්ඩලයෙහි බලවත් සත්වයා ලෙස පෙනෙනුයේ මිනිසා ය. ඔහු බලපරාක්‍රමය පතුරා හැම දෙය ම සිය අණසක යටතට ගන්ට මාන බලයි. එනමුදු ඔවුහු අදහස් වශයෙනුත්, හැඟීම් වශයෙනුත්, ආකල්ප, බලාපොරොත්තු, ගතිගුණ, රුචි අරුචිකම් වශයෙනුත් විවිධාකාර ලෙස බෙදී සිටිති. එසේ ම දොඩන භාෂාවෙනුත්, කන බොන ආහාර පානයෙනුත්, ඇදහිලි විශ්වාස, ඇඳුම් පැළඳුම්, සිරිත් විරිත් වශයෙනුත් විවිධාකාර ව බෙදී සිටිති. අදහස්වලින් සම ව, එක ම මවකගේ දරුකැලක් සෙයින් සියලු වාද භේද දුරලා, එක් ව කටයුතු කළ, පුහුදුන් මානව සමූහයක් පිළිබඳව එතෙක් මෙතෙක් ඉතිහාසයේ අසන්ටවත් දකින්ටවත් නැත්තේය. එහෙයින් මිනිසුන් අතර නිරන්තරයෙන් අරගල, අවුල් වියවුල්, කලකෝලාහල, අඬදබර ඇතිවේ. විසඳුම ලෙස ඔවුනට පෙනෙනුයේ එදිරිවාදිකම් කරන මිනිස් වර්ගයා

මනුලොවින් තුරන් කිරීම ය.

ඒ වෙනුවෙන් අනේකවිධ අවි ආයුධ තනත්. පැරණි යුගයේ මිනිසුන් මරණයට කැප කරන ලද්දේ හිස සිඳීමෙන් හෝ උල හිඳුවීමෙන් හෝ හීයෙන් විදීමෙන් හෝ දැඩි දඬුවම් පැමිණවීම් තුළිනි. නවීන මිනිසා සුළු කලක් තුළ වෙහෙසකින් තොරව බොහෝ මිනිසුන් ඝාතනය කළ හැකි අනේක ක්‍රමයන් සොයාගත්තේය. අත්හදා බැලුවේය. බොහෝ මිනිසුන් මරා දැම්මේය. තම ප්‍රතිවාදී මිනිස් වර්ගයා මරණයට පත්කළ කල්හි ශාන්ත දාන්ත ව සමෘද්ධියෙන් පිරිපුන් ව සශ්‍රීක ලෙස ජීවිතයාපනය කළ හැකි යැයි සිතන තරමට ඔවුන්ගේ සිහි විකල් ව ඇත්තේය. එසේ ම මිනිස් කණ්ඩායම් එකිනෙකා කොටවා, ගිනි අවුළුවා ඔවුනොවුන් ඝාතනය පිණිස අවි එසවූ කල්හි, ඒ යුද්ධය මැදි කොට තමන් තනාගත් අවි ආයුධ ඔවුන්ට අලෙවි කොට ධනවත් ව වසන මිනිස්සු ද සිටිති. ඔවුන් ලොව පෙනී සිටිනුයේ සාමකාමී ධනවතුන් ලෙස ය. අන්‍යයන් මැඩගෙන ඉහළින් වැජැඹීම ඔවුන්ගේ එක ම ආධ්‍යාශය වේ. එක් මිනිස් කැලකට පමණක් මරණය ලබාදී, අනික් මිනිස් කැල දෙස නොබලා අහක බලා සිටිනා මරණයක් ලොව කොහි ද! කාගේත් ළඟ ම ඇති සෙවණැල්ල නම් මරණය ය. එයින් පලායන්ට කවුරු නම් සමත් වෙත්ද! එයට තිසි සවිබල කෙසේ නම් ලබන්ට ද! කොයින් ලබන්ට ද!

දැල්වෙමින් ඇති පහන් හමා ආ වේගවත් සුළඟින් වහා නිවී යන සෙයින් ඉතා ජවසම්පන්න, නුවණැති, රුවැති මිනිස්සු පවා නොසිතූ, නොපැතූ මොහොතෙක මරණය වෙත පළවාහරිනු ලබත්.

ජීවත් වන්නවුන් මෙසේ මළවුන් වෙත පළවාහරිනු පිණිස අශිෂ්ට ගණයේ මිනිස්සු තව දෙයක් කරති. එනම්, නොපෙනෙන ලොවෙහි ජීවත් වන අමනුෂ්‍යයන් යැයි නම් ලද යක්ෂ ප්‍රේත පිශාචාදී සත්වයන් යන්ත්‍ර මන්ත්‍ර ආදී අභිචාර විධි මගින් පොළඹවා ඔවුන් ලවා සිය ප්‍රතිවාදීන් මැරවීමට උගුල් ඇටවීම ය. මිනිසුන්ගේ පහත් ඕනෑකම් පිරිමසා ගැනීමට හවුල් වනුයේ එබඳු ම පහත් අමනුෂ්‍යයන් ය. ප්‍රකෘති ඇසට නොපෙනෙන හෙයිනුත්, ඒ පිළිබඳව ප්‍රමාණවත් පර්යේෂණයක් නොකොට ඇති හෙයිනුත්, භෞතිකවාදී දෘෂ්ටි කෝණයට නොගැලපෙන හෙයිනුත් ඇතැමුනට එය හුදු උපහාසාත්මක කතාවක් පමණක් විය හැකිය. එහෙත් බොහෝ අශිෂ්ට මිනිසුන් ඉතා රහසේ එබඳු පහත් දෑ කොට මිනිසුන් මරණයට පත් කරවා පහත් පෙළේ දිනුමක් පතයි.

ලෝකයෙහි බොහෝ දෙනෙකුගේ අවධානයට යොමු නොවුණ ද ඍජුවත් වක්‍රාකාරවත් බොහෝ මනුෂ්‍ය ඝාතන සිදුවේ. එදිනෙදා ලෝකයෙහි මරණයට ලක්වන තිරිසන් සතුන් ගණන නම් අතිවිශාල ය. දිනකට මෙපමණ කෝටි ගණනක් තිරිසන්ගත සත්වයෝ ඝාතනයට ලක්වෙති යි පවසන්ට කිසිවෙක් නැත්තේය. මෙසේ ඝාතනයට ලක්වන වාරයක් පාසා සත්වයා උපතක් කරා ම පියමන් කරයි. අවශ්‍යතාවක් තිබූ පමණින් එය නැවැත්විය නොහැකිය. එසේ ම විස්තරාත්මක ව විමසා බලා වටහා ගන්නාතුරු එහි සැබෑ තතු පැහැදිලි ද නැත.

අනතුරුවලින් මරණයට පත්වීම

4

බොහෝවිට අනතුරුවලින් මරණයට පත්වන්නෝ මිනිස්සු ය. නොදැන නොසිතා කරන දෙයින් ඔවුහු මරණයට ගොදුරු වෙති. ආසියාතික රටවල දිළිඳු මිනිස්සු සතුට සොම්නස පතා, විෂ සහිත සුරා ඒ බව නොදැන බීමෙන් මරණය වැළඳ ගනිත්. ඔවුන් පැතූ සතුට හමාර වනුයේ ආශ්වාස ප්‍රශ්වාස කරගත නොහැකිව සිහිසුන්ව ඇදවැටී මියගොස් වෙනත් ලොවෙක උපතක් කරා යෑමෙනි.

මේ යුගයේ අත්වැරදි තුළින් සිදුවන මරණ බහුලව දකින්ට ලැබෙනුයේ වාහන අනතුරුවලිනි. වාහනය පදවන්නාට නින්ද යෑමෙන්, එසේත් නැතිනම් ඉදිරිපස අපැහැදිලි වීමෙන්, නොඑසේ නම් එක් වාහනයක් පසුකොට අනෙක් වාහනයක් වේගයෙන් යෑමෙන්,

කාලගුණ විපර්යාසයන්ට මුහුණ දීමෙන්, සිය වාහනයේ වේගය පාලනය කරගත නොහැකි වීමෙන් ආදී බොහෝ හේතු කාරණා මත අනතුරු සිදුවේ. එයින් බොහෝ මිනිස්සු මරණයට ලක්වෙති.

වාහනය පදවන මාවත සරස වේගවත් සැඩපහර ගලද්දී අනතුරක් නොවෙති යි සිතා වාහනය පදවාගෙන ඉදිරියට ම යන්නෝ සිටිති. එහෙත් පාලනය ගිලිහී වාහනය දියපහරට ගසාගෙන ගොස් ගිලේ. තමා මළවුන් අතර ය.

ඇතැම්විට ඉදිරියෙන් තමා පදවන දෙසට එන වාහනය නොපෙනේ. එවිට මුහුණට මුහුණලා අධිකතර වේගයෙන් පැමිණෙන වාහන එකිනෙක හැපේ. අනතුර සිදුවූ සැණින් බොහෝ දෙන මළවුන් අතර ය. යතුරුපැදි බඳු වාහන වේගයෙන් පදවන කල්හි තමා සිතූ පරිදි, සිතට ගත් විශ්වාසය පරිදි හසුරුවාගත නොහැකි වූ විට එය අන් කිසිවක ගැටේ. පදවන්නා මනුලොව අත්හරී. මරණයට පත්වෙන්ට ගතවනුයේ සුළු මොහොතෙකි.

සිය රටින් වෙන රටකට හෝ වෙන රටකින් සිය රට හෝ බලා යන එන අහස්ගමන් යන්නෝ බොහෝ ය. ඔවුහු නොයෙක් විසිතුරු ඇඳුම් ආයිත්තමින් සැරසී, අනගි වහන් පය ලා, පළන් අබරණ ඇති ව, තම තමන්ගේ බඩු බර ද ඇති ව, සිය නෑ හිතමිතුරන්ට සමුදෙමින්, තම තම හිතමිතුරන් මුණගැසෙනු ආශාවෙන් අහස්යානාවෙන් ගමන් යති. අහසින් ගිය ද මරණය කොතැනක දැයි කවුරු දනිත් ද! අනපේක්ෂිත අනතුරු මගින් අහස්ගමන් යන්නෝ ද මරණය වෙත කැඳවනු ලබති. ක්ෂණික ව

මුණගැසෙන මරණය අබියස ඔවුහු ඉතා බැගෑපත් ලෙස යටත් වෙති.

ගොඩනැගිලි ආදී ඉදිකිරීම් කටයුතුවලදී හදිසියේ ඇතිවන ආපදා හේතුවෙන් බොහෝ මිනිස්සු මනුලොවින් සමුගනිති. පය ලිස්සා හෝ වැටෙත්. අතින් අල්ලාගත් තැනින් හෝ ලිස්සා වැටෙත්. යන්ත්‍රසූත්‍රවලට ද හසු ව දිවියට සමුදෙත්. තමන් ම තනමින් සිටි ගොඩනැගිලිත් සමග තමා ද වැටේ. ඉණ බැඳි ආරක්ෂක පටිය සිඳී බිම වැටේ. නොසිතූ විරූ වේලාවෙක අහසෙහි නැගෙනා අකුණුසැර මිනිසුන් මත පතිත වේ. එසැණින් ඒ මිනිස්සු වෙනත් ලොවෙක ය. හදිසි අනතුරුවලින් මරණයට පත්වීම මේසයක් මත තිබූ වීදුරු බඳුනකට හදිසියෙන් අත වැදී වැටී බිඳීම බඳු ය. එසේ බිඳීගිය වීදුරු බඳුන එක්කොට සැකසිය හැකියෙක් ලොව සිටී ද! බිඳීගිය මැටි වළඳ එක්කොට සැකසිය හැකියෙක් ලොව සිටී ද! මරණයට ලක්වීමට සුළු අතපසු වීමෙක් ප්‍රමාණවත් ය.

ස්වාභාවික විපත්වලින් මරණයට පත්වීම

5

ලෝකයේ සෑම රටක ම පාහේ වරින් වර ස්වාභාවික ආපදා සිදුවේ. ඇතැම් රටවල ගිනිකඳු පිහිටා ඇත්තේය. ඒ අවට ජනයා රෑ බොජුන් අනුභව කොට, පිළිසඳර දොඩා, යහන්හි සුව නින්දේ ය. ඒ හෙට දවසේ උදයෙන් අවදි ව කළයුතු අනේක රාජකාරි ගොන්නක් පසෙකින් තබා ය. ඇතැම්හු සුව සිහිනෙක ය. කිසිවෙකුටත් රහසේ නිදාසිටි ගිනිකන්ද අවදි ව පුපුරා යයි. බුර බුරා නැගි දුම්කඳ අහසට විහිදුවමින් රක්ත වර්ණයෙන් උජ්වලිත මහාග්නි ජාලාවෙක් ගම්බිම් ගේදොර මෙන්ම තමාව ද වටකොට දවා හළු කරමින් පහළට ගලා බසී. යම් හෙයකින් අවදි වූ නමුත් කෙසේ පැන ගන්ට ද! කොතැනක යන්ට ද! බැලූ බැලූ අත මහා ගිනිකඳෙකි. නරකාග්නියෙන් මතු වූ කෲරතර ගිනිකඳක් සෙයින් හාත්පස වටකොට වෙළාගන්නා කල්හි ඔවුහු මළවුන් අතර ය.

දවස මුළුල්ලේ ධාරාණිපාත වර්ෂාව නොකඩවා ඇදහැලේ. 'කමෙක් නැත. මනා වූ වැස්සෙකි. ඉඩෝරය නිමාකොට බතින් බුලතින් සරු වූ හරිත වර්ණයෙන් දිදුලන ගහකොළ සුසැදි වටපිටාවක් පිණිස වැස්සක් ඇවැසි ම ය. එහෙත් මේ වැස්ස නම් පායන හැඩක් නැත්තේය.' දිනකින් නොනවතින වර්ෂාව දෙවන දිනටත් නොකඩවා ඇදහැලේ. අනපේක්ෂිත ලෙස උස් තැනින් පහත් තැන් බලා මඩ සහිත වේගවත් දියකඳ ගලන්ට පටන් ගනියි. 'නිවස සවිමත් ය. අපට නම් එතරම් කරදරයක් නැත්තේය' යි සිතා දියකඳ දෙස බලා සිටින්නෝ සිටිති. එහෙත් තමා සිටි තැන ද දියකඳින් වෙළා පොළොවෙහි තැනින් තැන දෙදරා වේගවත් සැඩපහරෙකින් සියල්ල පෙරළා උඩුයටිකුරු කොට ගසාගෙන යයි. එකල්හි සිය අඹුදරුවන් කොහි ද! යාන වාහන කොහි ද! ගේදොර කොහි ද! කියා සිතන්ට වේලාවක් නැත්තේය. මහා වේගයෙන් කඩාවැදුණු දියකඳ ඔවුන් දිය යට ඔබා මඩ අතරේ සඟවා මරණයෙන් වසා දමා බොහෝ දුර ගොස් හමාර ය.

මුහුද ගොඩගලති යි අසන්ට ලැබෙනුයේ කථාන්දරවල ය. එය සැබෑ ලොවෙක සිදුවෙන්ට ඉඩක් නැතැයි වහසිබස් දොඩමින් සිනහ නැගුවෝ කොතෙක් ද! එහෙත් එය වරින් වර සිදුවේ. වෙනදා මෙන් රැකී රක්ෂා කටයුතු, ගේදොර වැඩපළ, අහර පිසීම්, ඇඳුම් සේදීම්, වෙළහෙළඳාම් ආදිය සිදුකරමින් මිනිසුන් වාසය කළේ අනතුරක සේයාවකුදු නොදැන ය. 'මේං... මුහුදු රළ ගොඩගසන්නේය. මුහුද ගොඩබිමට එන්නේය' යි කිසිවෙක් කෑගැසුවේය. එය විහිළුවක් විය නොහැකි ද!

මෙවන් කලෙක එසේ කුමට නම් උසුළු විසුළු කරත් ද! කෝකටත් පිටත අවුත් බැලුව මනා ය. සැබැව... මුහුදු දිය සැණෙකින් මුහුද දෙසට ආපස්සට ගියේය. එකල වෙරළ පෙදෙස සිත්කලු ය. සුවිශාල ය. කුඩා දරුවෝ පමණක් නොව වැඩිහිටියෝ ද එදෙසට දිව ගියෝය. දෙවනුව තරමෙක රළු සැඩපහරක් වේගයෙන් අවුත් වෙරළ ඉක්ම ගොඩබිම යට කළේය. එය නම් අනතුරක සේයාවකි. බොහෝ අයට කිසියම් ඉවක් දැනුණේය. එහෙත් පැන ගන්ට පළමු ඒ සමග ම තමාට ඉහළින් තමාත් යටකොට වේගවත් සැඩපහරෙක් ගම්බිම්, ගේදොර කුඩුපට්ටම් කරමින් ගොඩබිමට නැගී ආවේය. නොනවත්වා ම නැගී ආවේය. හුස්ම ගන්ටවත් ඉඩක් නොතිබුණි. මුහුදු දියකඳ යළි කිසිවක් නොවූ ලෙස මුහුද දෙසට වේගයෙන් ඇදී ගියේය. පෙර පරිදි ම රැළි නැගී වෙරළේ හැපී ගියේය. ඒ වනවිට ගොඩබිමට නැගී ආ ප්‍රචණ්ඩ සැඩපහර හේතුවෙන් දහස් ගණන් බොහෝ දෙනෙකු මරණයට ගොදුරු ව අවසන් ය.

මරණයට ජාති, කුල භේද නැත්තේය. ආගමික විශ්වාස නැත්තේය. උගත් නූගත්, බාල මහලු, බල දුබල, ධන නිර්ධන භේදයක් නැත්තේය. කවදා කොතැනක කොහි සිට කොයි මොහොතේ මරණය කඩාපනිත් දැයි කාට නම් කිව හැකි ද! මරණයෙන් බේරීම පිණිස අහසට නැගී පලාගොස් සැඟවෙන්ට තැනක් නැත්තේය. දියෙහි කිමිදී සැඟවී ඉන්ට තැනක් නැත්තේය. ගොඩබිම සැඟවෙන්ට තැනක් නැත්තේය. මුහුද මැද හෝ අහසේ හෝ වෙනත් ලොවෙක හෝ මරණයෙන් බේරෙන්ට තැනක් කොතැනකවත් නැත්තේය. ඒ හැම තැන ම මරණය ම රජකරයි.

රෝදුක්වලින් මරණයට පත්වීම

๖

ලොව උපන් කවර තරාතිරමේ සත්වයෙකුට වුව ද, නිදුක් ව නීරෝග ව බොහෝ කල් නොමැරී සිටින්ට පුළුවන්කමෙක් නැත්තේය. යම් දිනෙක සත්වයෙක් මව්කුස පිළිසිඳ ගනී ද, ඒ මොහොතේ පටන් ම රෝගී වේ. මව්කුසෙන් බිහිවූ සැණින් ද රෝගී වේ. ළදරු වියෙහිදීත්, ළමා වියෙහිදීත්, යොවුන් වියෙහිදීත්, වැඩිහිටි වියෙහිදීත්, මහලු වියෙහිදීත් වයස් භේදයකින් තොරව රෝගීවන ස්වභාවයෙන් යුතු වේ. යම් හෙයකින් වැළඳුණු රෝගය සුව නොවුණහොත් අවසානය කොතැන ද?

ඇතැම් සත්වයෝ මව්කුස සිටියදී ම රෝගී ව මිය යත්. ඇතැම්හු මව්කුසින් බිහිවූ සැණින් රෝගයෙන් පීඩිත ව මියයත්. රෝගීවන ඇතැම් ළදරුවෝ ද සුව නොලබා මිය යත්. යෞවනයාගේ ද රෝගය සුව නොවුණහොත්

මරණය ම පිහිට කොට සිටී. වැඩිහිටියන්ට ද එසේ ම ය. වියපත් මහල්ලා මරණය කරා යනුයේ රෝගී ව අබල දුබල ව දුක්ඛිත ව වැතිරගත් කයින් යුතුව ය. එහෙත් සියලු රෝගීන්ගේ ඒකායන පැතුම නම් නීරෝග සුව ලැබීම ම ය. සිය නෑසියෝ ද රෝගාතුර වූ තැනැත්තා රෝගයෙන් මුදවා සුවපත් කොට පෙර සේ ම තුටු සිතින් ඔහු හා වසනු පිණිස දෙවි දේවතාවුන්ට කෙතෙක් නම් යාතිකා කරත් ද! පඬුරු බැඳ බාරහාර වන්නෝ කෙතෙක් ද! තම තමන්ගේ ඇදහීම් අනුව කළයුතු වත් පිළිවෙත් කොට රෝගියා සුවපත් වනතුරු නොඉවසිල්ලෙන් බලා සිටින්නෝ කෙතෙක් ද! එහෙත් ඇතැම්විට දෙවියන් ද රෝගියා දෙස නොබැලූ සේ ය. රෝගියා මළේය. ගැටගැසූ බාර ඒ ඒ තැන්වල ය. ඒ රෝගියාත් මළේය. යදින ලද යාතිකා හිස් අවකාශයේ රැව් දී නොපෙනී ගියේය. ඒ රෝගියාත් මළේය. අන්තිමට බැලූ විට මරණය දිනුවේය. මිනිසා පැරදුණේය.

රෝදුක් වැළඳුණු කල්හි රෝගියාට මෙන් ම සිය පවුලේ අදරැතියන්ට ද ලැබෙනුයේ දුක්ඛිත කලදසාවෙකි. කලට වේලාවට රැකියාව කරගන්ට හෝ ඉගෙනීමක්, ගොවිතැනක්, වෙළහෙළඳාමක් හෝ කරගන්ට බැරිවේ. තමන් රැකගත් මුදල ද වියදම් වේ. ණයතුරුස් වෙන්ට ද සිදුවේ. රෝගියාගේ සිරුරේ අවයව පවා ඉවත් කොට ඉතිරි වූ කයින් හෝ ඉදිරි දිවිය ගෙවන්ට රෝගියා කැමති ය. එසේත් බැරිවන තැනට පත්වූ විට කුමක් නම් කරන්ට ද! ජීවිතය ඉල්ලා රැකගැනීම පිණිස කොතෙකුත් වෙහෙස ගත්ත ද ඔහු මළවුන් වෙත ම යයි.

ඇතැම් රෝගීහු බොහෝ කල් සිය රෝගාබාධයන්ගෙන් දුක් විඳිති. නොඉවසිය හැකි වේදනාවෙන් පීඩිත ව

කඳුළු වගුරුවති. තමාට මෙවන් ඉරණමක් අත්වූයේ කිනම් වරදකට ද! අන් අයට මෙන් සුවපත් වූ දිවියක් ලබන්ට භාග්‍යයක් නොලද්දේ මක් නිසා ද! මෙහි කෙළවරක් දකිනාතුරු මා කෙතෙක් කල් ඉවසා සිටින්ට ද! යි දිවා රෑ දෙක්හි තැවි තැවී සිටින්නෝ බොහෝ ය. බලවත් කායික වේදනාවෙන් පහර ලද කල්හි ඔවුහු බැගෑපත් ව කෑගසති. පිහිට සොයති. වේදනානාශක ඖෂධ ලබා ගනිති. ඇතැමුන්ගේ රෝග සුවවන පාටක් නැත්තේය. අන්‍යයන්ට ද ඔවුන් නිසා කරදර ය. කැතකුණු අතගාමින් මේ දුක්ඛිත සිරුරු පිළිදැගුම් කරන්ට ගන්නා වෙහෙස නවත්වා මැරෙන්ට ඇත්නම් කෙතරම් අගේ ද කියා සිතන්නෝ ද බොහෝ ය. 'අනේ මේ ඇති.... තවත් වධ වේදනා කුමට ද! මට මැරෙන්ට හරින්ට' කියා කිව යුත්තේය. එහෙත් කෙසේ කියන්ට ද! දිව අප්‍රාණික ව, මැළවුණු ලා දල්ලක් සෙයින් මුව තුළ ම හැකිළී ඇත්තේය. ගොළු බසින් ගොරොදු හඬෙකින් කියන දේ කාට නම් වැටහේ ද! සිතෙහි උපදින දහසක් දේ කියාගත නොහැකි ව තොල්පට සොලව සොලවා මිය යන්නෝ ද බොහෝ ය.

මේ කාලයේ කිසිවෙකුත් නොසිතූ නොපැතූ මොහොතෙක මේ පෘථිවිය ම වසාගෙන සියලු මිනිසුන්ගේ ජීවිත අනතුරේ හෙළමින් මහා බිහිසුණු වෛරස් රෝගයක් පැතිර ගියේය. එයින් මුළු මිනිස් වර්ගයාගේ ම දිවි පැවැත්ම උඩු යටිකුරු ව ගියේය. මුළුමනින් ම අවුල් ව ගියේය. ඊළඟ මොහොතේ මරණයට ගොදුරු වන්නා කවරෙක් දැයි කිව නොහැකි තරම් අවිනිශ්චිත බවක් හැම තැන ම දිස්විය.

අවන්හලට ගියවුන් බොජුන් බුදිමින් සිටියදී මැරී වැටුණෝය. බස්රියෙහි සිටි මගියෝ වාඩිවී සිටි අසුනෙහි ම සිය දිවි අත්හළෝය. පාගමනින් යන්නෝ අතරමග ඇදවැටී මරණය වැළඳ ගත්තෝය. කතා කරමින් සිටියදී මනුලොවින් සමුගෙන මරණයට වැදී නොපෙනී ගියෝය. මෙතරම් වේගයෙන් මරණය ලොව සැරිසැරූ යුගයක් නැති තරම් ය. මං මාවත් දිගේත්, ගේදොරෙහිත්, අවන්හළෙත්, රැකීරක්ෂා කරන තැනේත්, රෝහලේත්, පාසලේත්, කොටින් ම තමන් පිළිසරණ පතනා ආගමික භූමියේත් කාටත් නොපෙනී මරණය ම ඔබමොබ සැරිසරන්ට පටන් ගත්තේය. මරණයේ සෙවණැල්ල සියලු තැන් වසා පැතිර ගියේය.

ළබැඳි සෙනේ ඇතියවුන් බලාසිටියදී සිය නෑසියන් මරණයට පිවිසිය කල්හි ඔවුන්ගේ සිරුරු ඉවත ලූ දරකඩ සෙයින් තැන් තැන්වල වැටී තිබුණේය. වෙනදා සෙයින් ඒ සිරුරු වෙත ගොස් නෑසියන්ගේ නම්ගොත් පවසා හඬමින් සිය දුක දුරු කරගන්නේ කෙසේ ද! ඒ රෝගී මෘතදේහය වැළඳගන්ට කෙනෙක් නැත්තේය. තමාව දමායන්ට එපා යැයි කියමින් ඒ මළසිරුර පසුපසින් හඬ හඬා යන්ට කවුරුත් නැත්තේය. මළසිරුර ඉදිරිපස තබා සාම්ප්‍රදායිකව සිදුකෙරෙන ආගමික වතාවතක් කෙරුණේ නම් එය ද මරණයේ සෙවණැල්ල වටපිටාවේ සැරිසැරීම ගැන තැතිගත් සිතිනි. රැකින් වට ගෙඩි කූඩයකට එකතු කරනවාටත් වඩා වේගයෙන් මරණය විසින් ගෙවෙන හැම තත්පරයකදී ම සිය බඳුනට මළවුන් රැස් කළේය.

වැසි කුණාටුවක් නම් දින කීපයක් පීඩාව ලබාදී කෙමෙන් පහව යයි. යළි අහස පෑදේ. ජලය බැසයයි.

එවන් වේගයකින් වසංගතය අවසන් නොවූයේය. කිසිවෙකුත් අපේක්ෂා නොකළ පරිදි, නිමා නොවන අඳුරක් සෙයින් මරණයේ කළු සෙවණැල්ල තවමත් සැරිසරා යයි. වසංගතය නේක වෙස් ගනී. නේක නම් ගනී. එයින් වසන් වීම පිණිස එන්නත්වල පිළිසරණ ලබමින් කෙතරම් සීරුවෙන් කටයුතු කළ නමුත් මිනිසා තැතිගන්වමින් මරණයේ බියකරු සෙවණැලි ඔබමොබ ඇවිද යමින් ලද අවසරයෙන් එකිනෙකා ඩැහැගනී.

ඇතැම් රෝගීන්ට සිහිය එනවිට සිය මුව තුළින් උගුර ඔස්සේ දමන ලද බටයක් ඇත්තේය. තමාව ජීවත් කරවනුයේ එයින් ලබාදෙන තල්ලුවකිනි. එසේ ම නාසය මගින් කුස දක්වා ඇතුළු කරන ලද තව සිහින් බටයක් ඇත්තේය. එයින් දියර ආහාර කුසට දමනු ලැබේ. දිවට රසයක්, නාසයට සුවඳක්, කයට පහසුවක් නැති ඒ ජීවිතයේ එක ම දෙය නම් ජීවත් වෙන්ට සැලැස්වීම පමණි. වෙනත් ආශ්වාදයක් නැත්තේය. බොහෝ දෙනා සිතා සිටිනුයේ අවසන් මොහොතේ යහනෙක සැතැපී දෑස පියාගෙන නිවී සැනසිල්ලේ මරණයට පිවිසෙන්ට ය. එහෙත් මේ වූයේ කිමෙක්ද? සෙලවෙන්ටවත් නොහැකි ය. ඉතා දුක්ඛිත දඬුවමක් ලද සෙයකි. දහසක් දේ කීමට ඇතත් ඒවා සිතෙහි ම ඉපදී සිතෙහි ම මැලවී යයි. කෙසේ නම් සිත සදාගන්ට ද! නේක සිතිවිල්ලෙන් වෙළී අවසානයේ ඉතා අකැමැත්තෙන් නමුත් තමාට අත්වූ ඉරණමට යටත් වෙන්ට සිදුවේ. මළකඳක් වන් රෝගී සිරුරක් ඇඳක් මත තබන ලදුව යන්ත්‍රයන් මගින් ආයාසයෙන් මෙලොවෙහි ඇඳබැඳ තබා යළි පණගන්වන්ට ගන්නා සියලු වෑයම් ව්‍යර්ථ කොට මරණයට පිවිසෙන්නෝ බොහෝ ය.

මරණය පිටුපස ඇති මහා තිරය

7

සාමාන්‍ය ලෝකයාට පෙනෙනුයේ මරණයේ එක් පැතිකඩෙක් පමණි. වෙරළෙහි සිට ඈත බලන්නෙකුට මුහුදු දිය මතින් පාවෙන කුඩා අයිස් කන්දක් පෙනෙනුයේ යම් සේ ද, මරණය එපමණෙකින්වත් දැක්මක් ඇති නොකරයි. පාවෙන අයිස් කන්දට වඩා දිය යට නෙතට නොපෙනී ඒ සමග ම ඇදෙමින් යන මහා කන්දක් ඇත්තේය. බැලූ බැල්මට එය කිසිවෙකුටත් නොපෙනේ. අප දෑස් ඉදිරියේ ද පෙනෙනුයේ මරණයට මුහුණ දුන් භෞතික ශරීරය මිස ජීවත් වූ තැනැත්තාගේ ආධ්‍යාත්මික පැතිකඩ නොවේ. ජීවිතයක ඇති ආධ්‍යාත්මික පැතිකඩ සුවිශාල ය. වළක්වාගත නොහැකි කර්මවේගයට නතු ව මිය යන්නාගේ ආධ්‍යාත්මය වෙනත් උපතකට පිළියෙල වේ. මරණයට පිටුපස ඇති මහා තිරයට වැසී ඇත්තේ

එය ය. එනම්, යළි යළිත් මරණය ම කැඳවනු ලබන, අනේක ලෝකයන්ට පිවිසීමේ අනේක දොරටුවලින් යුතු දුක්ඛිත ඉරණමක ශෝකභරිත කථාව ය.

ලොවට වැසී ඇති මරණය පිටුපස මහා තිරයෙන් වැසී ඇති ජීවන ප්‍රවාහය පිළිබඳ කථාව මරණයට වඩා ඇඟ කිළිපොලා යන අතිබිහිසුණු කථාවෙකි. මරණයේ දොරටුව අබියසට පැමිණි ඇතැම් මිනිසුනට මරණයෙන් එහා තමාගේ ඉරණම කුමක්දැයි හැඟවෙන ඉඟි ලැබේ. බොහෝ සතුනට ද මරණයෙන් පසු තමා පිවිසෙනුයේ කවර ලොවකට දැයි දැනෙන අවස්ථා තිබේ. ඇතැම් ප්‍රේතයින්ට ද ප්‍රේත ආත්මයෙන් චුත වූ විට කිනම් ලොවක උපදින්ට සිදුවේ දැයි දැනුමක් ඇත්තේය.

මෙලොව දිවි ගෙවන මිනිසා ජීවිතය පිළිබඳ සිය දැක්ම පුළුල් කරගත යුතුය. මරණයේ රහස් දැන ගැනීමට උත්සාහ කටයුතු ය. එසේ නැතිව 'මරණයෙන් මතු යළි දිවියක් තිබේ ද? එය කවුරු දනිත් ද? එනිසා මවිසින් යමක් අත්පත් කරගත යුතු වේ නම්, හොඳ නරක තරාතිරමක් නොබලා කෙසේ හෝ එය ලබාගත යුතුය. මාගේ ආධිපත්‍යයත් ආනුභාවයත් පැවැත්විය යුතුය. දැන් දිවි ගෙවන ලෝකය විනා අන් ලොවකින් ඇති ඵලය කිම? අන්‍යයන්ගෙන් ලද හැකි කිත් යසස්, පදවි ධානාන්තර ලබා වැජැඹෙන්ට ඇති මේ අවස්ථාව කුමට නම් අත්හැරගත යුතු ද? මේ අවස්ථාවේ සතුටින් සිටීම පිණිස හොඳ නරක සෙවීමෙන් ඇති ඵලය කිම? මරණයට පත්වූ පසු කුමක් සිදුවුව ද, එයින් මට කමෙක් නැත. එහෙයින් මරණයට පෙර කා බී සුඛාශ්වාදය විඳීම මා ලද දිවියේ සැබෑ අරුත ය' යනාදිය සිතමින් එබඳු ම මිතුරු

කැල හා එක් ව තමාටත් අන්‍යයන්ටත් අහිත පිණිස, දුක් පිණිස හේතුවන පව් රැස්කරගන්නෝ බොහෝ ය.

එහෙත් කිසිවෙකුට වෙනසක් නැතිව නිසි කල මරණය කඩාපනිනු ඇත. තමා වෙත මරණය එළඹ සිටි කල්හි ඒ මරණයේ සෙවණැල්ල සමගින් තමා කළ කී දෑ ද චිත්‍රපටයක සිතුවම් සෙයින් දිස්වෙන්ට පටන් ගනී. මරණය යනු සුළුපටු දෙයකැයි නොසිතිය යුතුය. එය ජීවිතයක අවසානය වන අතර, ඒ ජීවිතයේ ම නව පැතිකඩෙක ඇරඹුමක් ද වේ. එහෙයින් මරණය යනු නිකම් ම නිකම් නොසැලකිය යුතු දෙයක් නොවේ. එහෙත් තමා යන්නේ කොහේ දැයි තීරණය කරනු ලබන තීරකයා මරණය නොවේ. තමා විසින් රැස්කරන ලද කර්මය ම ය.

මරණයේ දොරටුවෙන් නිරයට පිවිසෙන්නෝ

8

ඇතැම් මිනිසුන්ගේ අවසන් මොහොත ඉතා දුක්බර ය. ඔහුට තමා අවට ඇති කිසිවක් පැහැදිලි ව නොපෙනේ. නොඇසේ. තමාට උවටැන් කරන්නවුන් පිළිබඳව ද වගක් නැති සේ ය. ඔහු ඉදිරියේ නන්නාඳුනන වෙනත් ඡායාවන් දිස්වේ. රතු පැහැයෙන් යුතු බියජනක සුවිශාල නෙත් ඇති, තියුණු දත් ඇති, විසිරගිය කලු කෙස් ඇති, කාලවර්ණ සිරුරු ඇති, රතු වතක් හැඳ, රතු රෙදිකඩක් හිස බැඳ, හෙල්ලක් අතට ගත්, දානව රාක්ෂසයන්ගේ පෙනුම ඇති බියකරු පුද්ගලයන් තමා අවට සිටගෙන සිටිනු පෙනේ. ඔවුහු එසේ පෙනී සිට තමාගේ දෙඅතින් රළු ලෙස ඇඩිව අල්ලා ගනිති. මිනිස් ලොවේ සියලු සපන්කම් එපමණකින් ම නිමාවට පත්වේ. මිනිස් දිවියට සමුදෙනුයේ නිරිපල්ලන්ගේ ඇඩි ග්‍රහණයට

සිය දැත් නතු ව සිටියදී ය. මෙලොව මහා කීර්තිධර ව, ධන ධාන්‍යයෙන් ආඪ්‍ය ව දිවි ගෙවූ නමුදු මරණයත් සමග ඒ සියල්ල වැසී යන්නේය. මනුලොව දොර වැසුණු කල්හි මරණයෙන් විවර වනුයේ වෙනත් දොරටුවකි. එකල්හි ඔහුට බිහිසුණු නරකයේ දොර හැරේ. ඔහු එහි උපත ලබනුයේ ඕපපාතිකව ය. එනම් මාපියන්ගේ සබඳතාවෙකින් තොරව ය.

මනුලොව සිටියදී තමා විසින් කරන ලද පව් පිළිබඳව, තමාට ම එකඟ විය හැකි කරුණු ගොනු කරගනිමින් කිසියම් සාධාරණීකරණයෙක යෙදෙමින් සිටින මිනිස්සු බොහෝ ය. ඔවුන් හැමවිට ම සිතනුයේ තමන් නිවැරදි ය කියා ය. ඔවුන්ගේ දැක්ම අනුව හැමවිට ම වැරදිකරුවෝ පිටස්තර පුද්ගලයෝ ය. තමා අමුතු ම ශුද්ධවන්තයෙකි. මෙබඳු මානසික වාතාවරණයක් මනුලොව සිටියදී නම් සකසා ගැනීම පහසු දෙයකි. තමා අතින් කිසි වරදක් නොවූ ලෙස අමතක කොට දැමිය හැක්කේය. එහෙත් යම් නපුරු චේතනාවක් මෙහෙයවා කරන ලද්දේ යම් පවක් ද, එය තමාට අමතක වී ගිය ද, කර්මයට අමතක නැත්තේය. එය නිසි තැන නිසි කලට නිසි අයුරින් විපාක දෙනු පිණිස අළු යට තිබෙන ගිනි පුපුරු සෙයින් ක්‍රියාත්මක ව පවතී. කර්මයෙහි විපාක ලබාදෙනුයේ පුද්ගලයාගේ ඕනෑඑපාකම් අනුව නොවේ. කර්මයට ම ආවේණික වූ කිසියම් අචින්තනීය රටාවකට අනුව ය. එය ආඥාදායකයෙකුගේ ස්වරූපයෙන් සත්වයන්ගේ ඉරණමට බලපෑම් කරන කල්හි සියලු සත්වයෝ එයට යටත් වෙති. කර්ම විපාකයන්හි ඇති මේ අද්භූත ස්වභාවය සාමාන්‍ය සත්වයා හට කිසිසේත් විෂය නොවේ.

ඇතැම්හු ජීවත් ව සිටිනා කාලයේ එකිනෙකා කෙරෙහි වෛර බඳිමින්, දුෂ්ට සිතින් බොහෝ පව් රැස් කරත්. අවසාන භාගයේ තමා කළ කී දේ සිතුවම් පටක් සෙයින් මැවෙන්ට පටන් ගත් විට බියෙන් සලිත වේ. මර ඇඳේ වැතිර සිල් සමාදන් වෙති. තමාට තමාගේ සිත රවටාගත හැකි නමුදු කර්මයෙහි විපාක දෙන රටාව රැවටීමටවත් පාලනය කිරීමටවත් කිසිවෙකුටත් පුළුවන්කමෙක් නැත්තේය.

නිරිපල්ලන්ගේ ග්‍රහණයට හසුවූ පුද්ගලයා බියෙන් සලිත වෙමින් පිවිසෙනුයේ නිරයෙහි දොරටුව ඉදිරියේ ඇති ධර්මාධිකරණය වෙත ය. එහි විනිසුරුවෙකි. සතුන් කෙරෙහි මැදහත් සිතින් බලන සැබෑ විනිසුරුවරයා ඔහු ය. යමරජ නමැති මේ විනිසුරුවරයා හමුවට මනුලොවින් චුත ව නිරිපල්ලන්ගේ ග්‍රහණයට හසුවූ තැනැත්තා පමුණුවනු ලැබේ.

"දේවයෙනි, මොහු මනුලොව සිටියදී කෙළෙහිගුණ නසාගත්තෙකි. මිත්‍රද්‍රෝහී වූවෙකි. හුදෙක් ධනයත්, බලයත්, ආධිපත්‍යයත්, කීර්ති ප්‍රශංසාත්, ආනුභාවයත් පවත්වනු පිණිස අන්‍යයන් පෙළුවේය. අභූත චෝදනා කරමින් හිංසා කළේය. මාපිය ගුරුවර ආදීන් හට හිංසා කළේය. බොරුවෙන් ලොව රැවටීය. සිය මනදොළ සපුරාගන්ට පමණක් වෙහෙසුණේය. ඒ හේතුවෙන් බොහෝ පව් රැස්කළේය."

එකල්හි යමරජු මේ ආගන්තුක නිරිසතා ඇමතීය. "හෝ... සුගතිය යැයි නම් ලද මනුලොව සිටියදී මොහු රැඟූ රඟ බලව. එම්බා පුරුෂය, තා පැමිණියේ මනුලොව

සිට ය. නුවණැතියන් හට මනුලොව මුණගැසෙන දේවදූතයෝ තා විසින් නොදක්නා ලද්දාහු ද?"

"අහෝ දේවයෙනි, මනුලොව සිටියදී දේවදූතයන් ගැන නොදත්තෙමි."

"එම්බා පුරුෂය, ළඟදී උපන්, උඩුකුරු ව හෝනා, සිය මළමූත්‍රයෙහි ගැලී එහි ම හෝනා, කුඩා මිනිස් දරුවා තා නුදුටුවෙහි ද?"

"දුටිමි ස්වාමීනී. එහෙත් ඒ දරුවා දේවදූතයෙකි යි නොදත්තෙමි."

"බලව... තාගේ අනුවණකම. තට ඔහු දෙස බලා සිතන්ට තිබුණේ මෙසේ ය. 'මම් ද මෙලෙස මනුලොව උපන්මි. මෙලෙසින් උපදනා ඉරණමෙන් මම් නිදහස් නොවූවෙක්මි. යළි මට උපදින්ට සිදුවන්නේය. එහෙයින් එසේ ලබන උපත පිණිස මා විසින් සිත කය වදනින් කිසියම් කලණදම් පිරිය යුතු නොවේ ද!' කියා ය."

"එසේය දේවයෙනි, අහෝ... එවන් උතුම් දෙයක් මා සිතට නොනැගුණේය. මා පමා වූයේය."

"අනුවණ පුරුෂය, බලව තාගේ ප්‍රමාදයෙහි අනතුර. පමා වූවෝ මළවුන් බඳු ය. පව් රැස්කරන ලද්දේ තා විසින් මිස තාගේ මාපිය සෝවුරු නෑහිතමිතුරන් හෝ දෙවියන් විසින් නොවේ. ඒ සියලු පව්වලට වගකිවයුත්තා අනිකෙකු නොව තා ය. තා විසින් කරන ලද පව්හි විපාක වින්ද යුත්තේ තා මිස අන් කවරෙක් ද?"

යමරජ ඔහුගෙන් යළිත් අසනුයේ මනුලොව සිටියදී ඉතාමත් වියපත්, ජරපත්, දත් රහිත මුව ඇති, ගිලිහුණු

කෙස් ඇති, රැළි වැටී ගිය සිරුරැති, ඉතා දුබල මහල්ලෙකු හෝ මැහැල්ලක හෝ නොදුටුවෙහි ද කියා ය.

ඔහු මනුලොව සිටියදී එවැනි ස්ත්‍රී පුරුෂයන් කොතෙකුත් දුටුවේය. එහෙත් එය වනාහී දිවියෙහි අරුත සිහිගන්වන, අවදානම පෙන්වන දේවදූතයෙක් බව හඳුනා නොගත්තේය. පවෙන් මිදී යහපතෙහි හැසිරෙන්ට පමා වූයේය.

අනතුරුව යමරජු විසින් ඔහුගෙන් අසන ලද්දේ සිටි තැන ම මලපහ වන, අන්‍යයන් විසින් ඔසවනු ලබන, කවනු පොවනු ලබන, දැඩි රෝගාබාධයෙන් පීඩිත, අසරණ රෝගියෙකු නොදුටුවෙහි ද කියාය. එවර ද ඔහුගේ පිළිතුර වූයේ එවැන්නන් කොතෙකුත් දුටුවද, ඔවුන් දේවදූතයන් බව හඳුනාගන්ට අසමත් වූ බව ය. ඔහුගේ ප්‍රමාදය නිසා ම මනුලොව බොහෝ පව් රැස් කරගත්තේය. යමරජ කියා සිටියේ ඒ සියලු පව් කරන ලද්දේ ඔහු විසින් හෙයින් එහි විපාකයන් ද වින්ද යුත්තේ ඔහු ම ය කියා ය.

අනතුරුව යමරජ ඔහුගෙන් අසා සිටියේ මනුලොව සිටියදී වරදට දඬුවම් ලද, නොයෙක් අයුරින් වධ බන්ධනයන්ට ලක්වූ පුරුෂයන් නොදුටුවෙහි ද කියා ය. එවන් පුරුෂයන් දුටු බවත්, ඔවුන් දේවදූතයන් බව නොදන්නා බවත්, ඒ ගැන නොසළකා තමා ප්‍රමාදයට පත්වූ බවත් ඒ පුරුෂයා පවසා සිටියේය.

ඊළඟට විමසා සිටියේ මනුලොව දකින්ට ලැබෙන පස්වෙනි දේවදූතයා වන මියගිය මිනිසුන්ගේ මෘතශරීර නොදුටුවෙහි ද කියා ය. ඔහු මනුලොව සිටියදී බොහෝ

මිනිසුන්ගේ මෘතශරීර දුටු බවත්, දින කිහිපයක් ගතවන විට ඒ මෘතශරීර කුණු වී දුගඳ හැමූ බවත්, විරූප වූ බවත්, එවන් මළසිරුරු දුටු බවත් කියා සිටියේය. එහෙත් ඒ දේවදූතයන් වග නොදැන ප්‍රමාද වූ බවත් කියා සිටියේය.

නිරයේ විනිසුරුවරයා වන යමරජ මනුලොවින් පැමිණි සත්වයා විසින් කරන ලද පව් සිහිපත් කළ කල්හි සිනමා සිත්තමක් සිය නෙත් ඉදිරියෙහි විදහා දක්වන සෙයින් මෙතෙක් කල් තම හෘදසාක්ෂියෙන් සැඟවී තිබූ ගෙවුණු අතීතයේ මනුලොවදී රැස්කළ නොයෙක් පාපී අකුසල් එක දිගට පෙනෙන්ට පටන් ගන්නේය. දැන් තමාගේ සාක්ෂිකරුවා තමා ම ය. මනුලොව සිටියදී නොයෙකුත් තර්ක කරමින් සිය වරද සාධාරණීකරණය කරගත් නමුත් දැන් සැඟවෙන්ට තැනක් නැත්තේය. තමා සිටිනුයේ තමාගේ ම හෘදසාක්ෂිය අබියස ය. එහි දිස්වන සියල්ල යමරජුට ද පෙනේ. වටකොට සිටින්නෝ නිරිපල්ලෝ ය. ඔහු දෙස අනුකම්පාවෙන් නිහඬ ව බලාසිටි යමරජ ඉවත බලා ගත්තේය.

එතැන් පටන් වචනයෙන් කිව නොහැකි තරම් කායික මානසික දුක් දොම්නස්වලට ඔහු බඳුන් වෙයි. දැන් විවේකයක් නැත්තේය. නිරිපල්ලන් විසින් වධකාගාරය වෙත තමාව රැගෙන යයි. දෑසට පෙනෙනුයේ මනුලොව සිටියදී නොයෙක් පව් කරන ලදුව නිරයෙහි ඉපිද වධයට ලක්ව මහා අඳෝනාවන් නඟමින්, කෑමොරගසමින් සිටිනා ස්ත්‍රී පුරුෂයන් ය. කෙළවරක් නැති බිය තැති ගැනීම්, නොඉවසිය හැකි දුක් පීඩා පිරීගිය අති බිහිසුණු වධකාගාරය ඇත්තේ නිරයේ ය.

එහි උපන් සත්වයා දැන් නිරිපල්ලා විසින් බිමෙහි දමනු ලබයි. අනතුරුව ගින්නෙන් රත්වී ගිය යකඩ හුල බැගින් දෙඅත්ලෙහිත්, දෙපාහිත්, ළයෙහිත් අනිනු ලබත්. මනුලොව සෙයින් දිවි නසාගන්ට පුළුවන්කමෙක් එහි නැත්තේය. වේදනාවෙන් දුක් විඳ විඳ සිට යම් හෙයකින් ඔහු මියගියහොත් ඒ මරණයේ දොරටුවෙන් නික්ම යළි පැමිණෙනුයේ තමා දුක් විඳිමින් සිටි තැනට ම ය. කර්ම විපාක විඳ අවසන් වනතුරු නිරයෙහි උපන් සත්වයාට වෙනත් විකල්පයක් නැත්තේය.

අනතුරුව ඔහුට ලැබෙනුයේ වෙනත් වධයෙකි. ඔහුගේ සිරුර ගිනිගත් කෙටේරියකින් සහිනු ලැබේ. ඒ දැඩි දුකෙන් බොහෝ දුක් වින්ද පසු ඔහුගේ හිස යටිකුරු කොට, පා උඩුකුරු කොට ඔසොවා ගිනිගත් වෑයෙන් සහිනු ලැබේ. අනතුරුව ගිනිගත් යකඩ බිමෙහි ගිනිගත් රෝද ඇති යකඩ රථවල නැගි නිරිපල්ලන් ඔහු එහි ගවයෙකු සේ බඳින ලදුව ඔබමොබ ඇවිදවයි. ඔහු විසින් ඒ යකඩ රථය ඇදගෙන යා යුත්තේය. ඔහුගේ කර්ම විපාක අවසන් වන්නේ යම් තාක් කලකින් පසු ද, ඒ තාක් කල් ම ඔහු විසින් එය කළයුතු වන්නේය.

වධකාගාරයෙහි ඒ වධය හමාර වන විට නිරිපල්ලෝ ඔහුගේ පා ඔසොවා ගින්නෙන් රත්පැහැගත් ලෝදිය සැළියෙහි බහාලත්. සැණෙකින් ඔහු පෙණගොඩක් බඳු සිරුරක් බවට පත් ව අනන්ත දුකින් යුක්ත ව ඒ ලෝදිය සැළියෙහි උඩටත් යටටත් සරසටත් පැසෙමින් යයි. උතුරන දිය සැළියෙහි බහන ලදුව උඩට යමින් යටට යමින් පැසෙනා සතුන් සේ ඔහු ද සිය කර්ම විපාකයෙන් ලද දායාදය දුකසේ විඳවයි.

මේ රටෙහි ද මෑත භාගයෙහි වධකාගාර තිබුණේය. තිස් වසරක ජාතිවාදී යුද්ධයේදී මිනිස් වෙසින් සිටි ඒ වධකයෝ රෑ නිදාසිටි ගම් වටලා එහි සිටි මිනිසුන් කැබලිවලට කපා කොටා මරණය කැඳවා දුන්නෝය. ඔවුන්ගේ වධකාගාරවල සිය ප්‍රතිවාදීන් සිරකොට බොහෝ වධහිංසා දී මරණයට පත්කළෝය. තැන් තැන්වල බෝම්බ පුපුරවා මිනිසුන්ගේ සිරුරු කැබලිවලට විසුරුවා ඔවුහු මරණයේ දොරටුවෙන් වෙනත් ලොවට පළවා හරින ලද්දාහ. නිමක් නැති වධ බන්ධනයන්ට මිනිස්සු ලක්කරන ලද්දාහ.

හැත්තෑව දශකයේ මුල් භාගයේදීත්, අසූව දශකයේ අග භාගයේදීත් හටගත් රාජ්‍ය විරෝධී කැරැල්ල හේතුවෙන් බොහෝ මනුෂ්‍යයන්ට මනුලොව ජීවත් වීමේ වරම අහිමි විය. ඒ කැරැල්ලට සහභාගී වූවන් පමණක් නොව කුරා කුහුඹුවෙකුටවත් හිංසාවක් කරන්ට නොසිතූ අහිංසකයෝ ද වධ බන්ධනයන්ට ලක්වූහ. භීතියත් සංත්‍රාසයත් වෙළාගත් ඒ යුගයේ උදයේ දුටු කෙනා රාත්‍රියෙහි මැරුම් කෑවේය. රෑ දුටු කෙනා උදයේ මැරුම් කෑවේය. දහවල් දුටු කෙනා සවස මැරුම් කෑවේය. ඇතැම් කර්ම විපාක පලදෙන්ට පටන් ගන්නේ ඊට අදාළ, ඊට ම සුදුසු පරිසරයෙකදී ය.

අනතුරුව නිරිපල්ලෝ ඔහු ගෙන මහානිරයෙහි බහාලත්. ඒ මහානිරය වනාහී ගින්නෙන් රත්පැහැගත් යකඩ බිමෙන් යුතු ය. හාත්පස සිව් දිශාවේ ගිනිගෙන රත් පැහැගත් යකඩ බිත්ති ය. ගිනිගෙන රත් පැහැගත් යකඩ වැස්මෙන් යුතුය. හැම කල්හි වැසී ඇති දොරටු ඇත්තේය. එහෙත් එහි නිරිපල්ලන්ගේ ගැවසීමක් නැත්තේය. ඔවුන්ට එහි කරන්ට දෙයක් ද නැත්තේය.

එහි සියලු වධයන් කෙරෙනුයේ එයින් ම හටගත් මහා ගිනිජාලාවෙනි. පෙරදිගින් ගිනිදැල් නැගී බටහිර බිත්තියේ හැපේ. බටහිරෙන් ගිනිදැල් නැගී පෙරදිග බිත්තියේ හැපේ. උතුරෙන් නැගෙන ගිනිදැල් දකුණු බිත්තියෙහි හැපේ. දකුණින් නැගි ගිනිදැල් උතුරු බිත්තියෙහි හැපේ. යටින් නැගි ගිනිදැල් උඩට පියස්සෙහි හැපේ. පියස්සෙන් නැගි ගිනිදැල් පතුලෙහි හැපේ. මහත් සේ කැළඹී ගිය එක ම මහා ගිනිජාලා කුණාටුවෙකි. එහි වැටුණු සත්වයා වචනයෙන් නොකිව හැකි තරම් මහා දුක්ඛස්කන්ධයක් විඳවයි. සිතන වේගයෙන් මරණය ඇවිත් ඔහු බේරා නොගන්නේය. මරණයක් ගැන නිනව්වක් නැති සේ ය. ඔහුව ජීවත් කරවමින් ම කර්ම විපාකයෙන් හැකි තරම් බැට දේ.

මෙසේ වසර සිය දහස් කෝටි ගණනක් ගෙවී ගිය කල දුක් විඳිමින් සිටිනා ඒ නිරිසතුන් අතර මහත් කැළඹීමක් හටගනී. 'අහෝ මිතුරනි... අන්න අර බලව්. පෙරදිග දොරටුව හැරෙන්ටයි යන්නේ. වරෙල්ලා... මේ මහා ගින්නෙන් පිටතට පැනගනිව්' යි එකා පිට එකා වැටෙමින් පෙරදිගට දුවන්ට පටන් ගනිති. එසේ වේගයෙන් දුවන කල්හි දැවෙන ගින්නෙන් ඔවුන්ගේ සමත්, සිවියත්, මසුත්, නහරවැලුත් දැවී ගොස් දුම් දමනා ඇටසැකිල්ල පමණක් ඉතිරි වෙයි. ඒ ඇටසැකිළි සත්වයෝ වැටෙමින් නැගිටිමින් දුවනුයේ එතැනින් පැනගැනීමේ අධිකතර ආශාවෙන් යුතුව ය. එහෙත් දොරටුවට ළං වූ සැණින් මහත් හඬක් නංවමින් ඒ ඇරී ඇති දොරටුව වැසී යයි. එකල්හි ඔවුහු එහි ම වැටී මහත් සේ වැලපෙන්ට පටන් ගනිති. ඒ එයින් පැන ගැනීමේ දුලබ මොහොත අහිමි වීම ගැන ය.

යළි බොහෝ කලක් ගතවන තුරු ඔවුන්ට පිටතට පැනගැනීමේ බලාපොරොත්තුවක් ඇති නොවේ. එහි ලකුණකුදු පෙනෙන්ට නැත්තේය. යළිත් කලබලයෙකි. මෙවර දොර හැරී ඇත්තේ බටහිර දිශාවේ ය. මහත් ආවේගයකින් යුතුව එකා පිට එකා වැටෙමින් බටහිරට දුවන්ට පටන් ගන්නා ඔවුන්ගේ සිරුරු ගින්නෙන් දැවී ගොස් දුම් දමනා ඇටසැකිළි බවට පත්වේ. දොරටුව අසළට එනවිට මහා හඬක් නංවමින් එය ද වැසී යයි. ඒ බලාපොරොත්තුවත් සුන් වූයේය.

තව බොහෝ කාලයක් නරකයෙහි කයෝර දුක් වින්ද යුතු වෙයි. මෙසේ වරින් වර දොර පියන් ඇරෙමින් වැසෙමින් තිබෙන කාලයෙහි ඒ නිරිසත්වයෝ මහත් අපේක්ෂාවෙන් එයින් පැනගන්ට ගන්නා සියලු වෑයම් ව්‍යර්ථ වේ. සිදුවූයේ දුම් දමන ඇටසැකිලි ලැබීම පමණි. මෙසේ බොහෝ කල් ගත වූ විට යළිත් වතාවක් පෙරදිග දොරටුව හැරෙන්ට පටන් ගත්තේය. එකිනෙකා පෙරළා එයින් පැනගන්ට දිවයද්දී ඔවුන්ගේ සිරුරු දුම් දමනා ඇටසැකිළි බවට පත්විය. එහෙත් මෙවර වැඩේ හරි ගියේය. දොරටුවෙන් පැනගන්ට පුළුවන් විය.

ඒ මහා නිරයේ දොරටුවෙන් පැනගන්ට ඔවුන්ට හැකි වූයේ ඔවුන්ගේ දක්ෂකමක් නිසා නොව එහි වින්ද යුතු කර්ම විපාක අවසන් වීම නිසා ය. එසේ එකරොත්තට එළියට පැනගත් නිරිසතුන් ඊළඟට වැටුනේ ගූථ නිරය නමැති මහා දුක් ඇති අසුචි සයුරකට ය. ඒ අසුචි සාගරයේ ඔවුන් ගිලුණේය. ඇටසැකිළි සිරුරු වෙනුවට දැන් ඔවුන්ට ලේ මස් නහර ඇති සිරුරු ඇත්තේය. ඒ අසුචි සාගරයෙන් කෙසේ නම් එතෙර වෙන්ට ද? ඉදිකටු බඳු

තියුණු දිගු උල් හොට ඇති ප්‍රාණීහු ඔවුන් වට කළෝය. ඔවුන්ගේ සම් මස් නහර ඇට විද ඇටමිදුළු කන්ට පටන් ගත්තෝය. එක් තැනෙකින් ගැලවී පැනයන්ට ගොස් වෙනත් දුකකට වැටුණෝය. ඔවුන් කෙතරම් ආශා කළ ද, එයින් මැරී නිදහස් වෙන්ට අවස්ථාවක් කවදා නම් ලැබේවි ද!

යාන්තම් දුකසේ ඒ අසුචි සයුරෙන් පැනගන්ට හැකි වූයේ බොහෝ කල් ගෙවී ගිය පසු කර්ම විපාක අවසන් වීමෙනි. එහෙත් කොයින් නම් පැන යන්ට ද? එවර නිරිපල්ලන්ට හසුවූයේය. නිරිපල්ලෝ ඔවුන් ඇදගෙන ගොස් ගිනිඅලු නිරයකට ඇදදැම්මෝය. එහි වැටුණු ඔවුහු එයින් ගොඩ යාගත නොහැකි ව බොහෝ කල් ඝෝර දුක් වින්දෝය. කර්ම විපාක අවසන් වනතුරු ඔවුන්ට මරණය මුණ නොගැසේ.

එතැනින් පැන ගත්ත ද කෙසේ නම් ගැලවෙන්ට ද? නිරිපල්ලෝ ඔවුන් ඇදගෙනවිත් සියක් යොදුන් උසැති සොළොස් අඟලක් පමණ තියුණු කටු ඇති කටුහිඹුල් ගසින් යුතු වනයෙහි ඒ හිඹුල් රුක්හි නංවති. බස්වති. 'අනේ දැන් ඇති' කීවද එයට සවන් දෙන්නෝ නිරයෙහි සිටිත් ද?

කටුහිඹුල් වනයෙහි මහා කටුක දුක් විඳි ඔවුන් ඊළඟට ඇදගෙන යනු ලැබුවේ අසිපත් වනයට ය. තියුණු මුවහත ඇති, කඩු බඳු පත්‍ර ඇති ඒ වනයට නිරිසතුන් පිවිසි සැණින් රත් වී ගිය සැඩ සුළං හමන්ට පටන් ගන්නේය. එයින් ගැලවෙනු පිණිස දුවන්ට සිදුවනුයේ ගස් සෙවණට ය. එකල්හි ඒ ගස්වලින් වැටෙන කඩු පත්‍රවලින් ඔවුන්ගේ

අත් පා කන් නාසා කැබලිවලට කැපී වැටේ. අධිකතර වේදනාවෙන් පීඩිත ඔවුහු බේරෙන්ට තැනක් සොයමින් ඔබමොබ දිවයමින් බොහෝ වසර ගණනක් එහි දුක් විඳිත්. කර්ම විපාක ගෙවී ගිය ද තවත් වින්ද යුතු බොහෝ විපාක ඇත්තේය. අනතුරුව ඔවුන් වැටෙනුයේ ඒ අසළ වූ වේතරණී නමැති රත් වී ගිය ලුණු දිය නදියෙහි ය. බුන් අත්පා කන් නාසාවලින් යුතු සත්වයෙක් ඒ රත් ව ගලන ලුණු දියෙහි ගිලෙමින් උඩට එමින් ජල පහරේ වේගයෙන් පහළට ගසාගෙන යයි. යළි ජල පහරේ වේගයෙන් උඩට ගසාගෙන එයි. බොහෝ වසර සිය ලක්ෂ ගණන් කල් රත් ව ගිය ලුණුදිය නදියේ දුක් විඳිමින් සිටි නිරිසත්වයා දුටු නිරිපල්ලෝ යකඩ කොකුවක් ගසා උඩට ඇද බිම හොවා මෙය අසත්.

"එම්බා පුරුෂය, කිම, කිසිවක් කැමැත්තෙහි ද?"

"එසේය ස්වාමීනී, අනේ... මට මහා කුසගින්නක් ඇත්තේය."

නිරිපල්ලෝ එසැණින් ම රත් වූ යකඩ අඬුවෙන් ඔහුගේ මුව පළල් කොට ගිනි ගෙන දිලිහෙන ලෝහගුලි මුඛයේ බහාලන්නාහ. එකදිගට නොනවත්වා ඔහු මුඛයෙහි ගිනිගුලි ඔබන කල්හි ඔහුගේ දෙතොලත්, දිවත්, මුවත්, උගුරත්, හදත්, කුසත්, බඩවැලුත් දවා ඒවා ද එළියට ඇදගෙන ම අධෝභාගයෙන් පිටත නික්මේ. එහි ද නැවතීමක් නැත්තේය. කර්ම විපාක ගෙවී නිමාවන තුරු ගිනිගුලි ගිලින්ට සිදුවේ.

විපාක විඳ අවසන් වූ විට යළි නිරිපල්ලෝ ඔහුගෙන් මෙය අසත්. "කිසිවක් ලබනු කැමැත්තෙහි ද?" "එසේය

ස්වාමීනී, බොහෝ පිපාසිතයෙමි.” එසැණින් නිරිපල්ලෝ ඔහුගේ මුව ගිනිගත් යකඩ අඬුවෙන් පළල් කොට ගිනිගෙන දිලිහෙන ලෝදිය බහාලයි. ඒ ලෝදිය බහාලීම නොනැවතී ම සිදුවේ. එකල්හි මුවට පිවිසි ලෝදිය ඔහුගේ තොල් දවා, දිව දවා, මුව දවා, උගුර දවා, හද දවා, කුස දවා, බඩවැල් දවා ඒවාත් සමග පශ්චාත් භාගයෙන් පිටත නික්මේ. කර්ම විපාක නිමාවන තෙක් ඔහුට එයින් ගැලවීමෙක් නැත්තේය.

මරණය යනු දිවියෙහි ඇති එක ම විසඳුම නම් මෙවන් තැනෙක උපන්නහුට මරණයත් සමග එයින් නිදහස් වෙන්ට හැකි විය යුත්තේය. නමුත් මැරි මැරී එක ම තැනක නැවත උපදී නම්, එහි ම නිරන්තර වධ බන්ධනයට ලක් වේ නම්, එයින් ගැලවී යන්ට කළ හැකි කිසිවක් ම නැත්තේ නම්, එවැන්නෙකුට මරණය විසඳුමක් වන්නේ කෙසේද?

නිරයෙහි උපන්නෙක් එහි කොතෙක් කල් වුසුව යුත්තේ ද? එහි ආයුෂ කෙතෙක් ද? සංජීව, කාලසූත්‍ර, සංඝාත, රෞරව, මහා රෞරව, තාපය, ප්‍රතාපය, අවීචි යන අටමහා නිරයන්හි උපන්නවුන් හට වෙන වෙන ම ආයු ඇත්තේය. ඒ ආයු ඇති තාක් එහි දුක් වින්ද යුත්තේය.

මනුලොව පනස් වසක් චාතුම්මහාරාජිකයෙහි එක් දවසෙකි. එයින් තිස් දිනක් එහි මසෙකි. එයින් දොළොස් මසක් එහි වසරෙකි. එයින් පන්සිය වසෙක් එහි වැසි දෙවියනට ආයු ය. ඒ දෙවියන්ගේ දිව්‍ය ආයුෂ පන්සිය වස සංජීව නිරයෙහි උපන්නහුගේ එක් දිනකි. එයින් තිස්

දිනක් එක් මසෙකි. එයින් දොළොස් මසක් එහි වසරෙකි. එයින් පන්සිය වසක් ඒ නිරයෙහි නිරිසතෙකුගේ ආයුෂ වේ.

මනුලොව සියවසක් තව්තිසායෙහි එක් දිනෙකි. එයින් තිස් දිනක් මසෙක් ද, එයින් දොළොස් මසක් වසරෙක් ද වේ. එයින් දහසක් වසකට ආයු එහි උපන් දෙවියනට ඇත්තේය. ඒ තව්තිසාවැසි දෙවියන්ගේ දහසක් වර්ෂයක ආයුෂ කාලසූත්‍ර මහානිරයෙහි උපන්නහුගේ එක් දවසෙකි. එවැනි තිස් දිනකින් යුතු මාස දොළොසක් එහි වසරෙකි. එවන් වසර දහසක ආයු කාලසූත්‍ර මහානිරයෙහි උපන්නහුට හිමිවේ. එතෙක් කල් ම සියලු දුක් වින්ද යුත්තේය.

මනුලොව දෙසිය වසක් යාම ලොවෙහි එක් දිනෙකි. එයින් තිස් දිනෙකින් යුතු මාස දොළොසක් එහි වසරෙකි. එයින් වසර දෙදහසක් එහි දෙවියන්ගේ ආයු ය. එසේ දෙදහස් වසරක ආයුෂ සංඝාත මහානිරයෙහි උපන්නහුගේ එක් දිනයකි. එවන් දින තිසකින් යුතු මාස දොළොසකින් යුතු වසර දෙදහසක් සංඝාත මහානිරයේ ආයුෂ වේ.

මනුලොව සාරසිය වසක් තුසිත දෙව්ලොව එක් දිනෙකි. එයින් තිස් දිනෙකින් යුතු දොළොස් මසක් එහි වසරෙකි. එයින් වසර සාරදහසක් තුසිතවැසි දෙවියන්ගේ ආයු ය. රෞරව මහා නිරයෙහි උපන් නිරිසතෙකුගේ එක් දිනෙක ආයුෂ තුසිත දෙවියන්ගේ මුළු ආයුෂ වන සාරදහස් වසකින් යුතුය. එවන් දින තිහකින් යුතු දොළොස් මසක් එහි වසරෙකි. ඒ රෞරවයෙහි දුක් වින්ද යුතු කාලය එහි ආයුෂයෙන් සාරදහස් වසරකි.

මනුලොව අටසිය වසක් නිම්මාණරති දෙව්ලොව එක් දවසෙකි. එයින් තිස් දිනෙකින් යුතු දොළොස් මසක් එහි වසරෙකි. එවන් වසර අටදහසක් ඒ දෙව්ලොව මුළු ආයුෂ වේ. ඒ වසර අටදහසක දිව්‍ය ආයුෂය මහාරෞරව නිරයෙහි උපන්නහුගේ එක් දිනෙකි. එවන් දින තිහකින් යුතු දොළොස් මසක් එහි වසරෙකි. මහාරෞරවයෙහි උපන් නිරිසතෙකු දුක් වින්ද යුතු කාලය එබඳු අටදහස් වසක් වේ.

මනුලොව එක්දහස් හයසිය වසක් පරනිම්මිත වසවර්ති දෙවියන්ගේ එක් දවසෙකි. එවන් තිස් දිනකින් යුතු මාස දොළොසක් එහි වසරෙකි. ඒ වසර දහසය දහසක් එහි උපන් දෙවියන්ගේ ආයු ය. ඒ දහසය දහසක වසරක මුළු ආයු ප්‍රමාණය තාප මහානිරයෙහි එක් දිනෙකි. එයින් තිස් දිනකින් යුතු දොළොස් මසක් එහි වසරෙකි. එයින් දහසය දහස් වසක කාලයක් එහි උපන් නිරිසතා දුක් වින්ද යුත්තේය.

මහාප්‍රතාප මහානිරයෙහි ආයුෂ අන්තඃ කල්පයකින් අඩෙකි. අවීචි මහා නිරයෙහි ආයුෂ අන්තඃ කල්පයෙකි. අවීචි මහා නිරයෙහි පරිවාර මහා නිරය දහයක් ඇත්තේය. එය උපමාවකින් කීවොත් මෙසේ ය.

මගධ නැළියෙන් පුරවාගත් තලඇට සතර නැළියක් කොසොල් රටෙහි එක් නැළියකි. ඒ කොසොල් නැළියෙන් පුරවාගත් තල ඇට සිව් නැළියක් කොසොල් රටෙහි ලාස්සෙකි. ඒ ලාස්සෙන් පුරවාගත් තලඇට සිව් ලාස්සක් එහි එක් ද්‍රෝණයෙකි. ඒ ද්‍රෝණයෙන් පුරවාගත් තලඇට සතර ද්‍රෝණයක් එහි එක් මණිකායෙකි. ඒ මණිකායෙන්

පුරවාගත් තලඇට මණිකා සතරක් එක් බාරියෙකි. ඒ බාරියෙන් තලඇට බාරි විස්සක් එක් වාහයෙකි. ඒ වාහයෙන් පුරවාගත් තලඇට රැසින් එක් වසරකට එක් තලඇටය බැගින් ඉවත් කරනු ලැබේ. ක්‍රමයෙන් ඒ තලඇට රැස ඉවත් ව අවසන් ව වාහය හිස් ව යන නමුත් 'අබ්බුද' නමැති නිරයෙහි ආයුෂ අවසන් නොවේ.

අබ්බුද නිරයේ ආයුෂ වැනි විසිගුණයක ආයුෂ 'නිරබ්බුද' නිරයට ඇත්තේය. නිරබ්බුද නිරයේ ආයුෂ වැනි විසිගුණයක ආයුෂ 'අබබ' නිරයට ඇත්තේය. අබබ නිරයේ ආයුෂ වැනි විසි ගුණයක ආයුෂ 'අටට' නිරයට ඇත්තේය. අටට නිරයෙහි ආයුෂ වැනි විසි ගුණයක ආයුෂ 'අහහ' නිරයෙහි ඇත්තේය. අහහ නිරයේ ආයුෂ වැනි විසි ගුණයක ආයුෂ 'කුමුද' නිරයෙහි ඇත්තේය. කුමුද නිරයෙහි ආයුෂ වැනි විසි ගුණයක ආයුෂ 'සුගන්ධික' නිරයෙහි ඇත්තේය. සුගන්ධික නිරයෙහි ආයුෂ බඳු විසි ගුණයක ආයුෂ 'උත්පල' නිරයෙහි ඇත්තේය. උත්පල නිරයේ ආයුෂ බඳු විසි ගුණයක ආයුෂ 'පුණ්ඩරීක' නිරයෙහි ඇත්තේය. පුණ්ඩරීක නිරයෙහි ආයුෂ බඳු විසි ගුණයක ආයුෂ 'පදුම' නිරයෙහි ඇත්තේය. යම් හෙයකින් මනුලොව උපන්නෙකුට මරණින් මතු විවර වනුයේ මෙවන් මහා දුක් ඇති නිරයක් නම් ඔහු යළි මනුලොව උපතකට ඒම කවදා කොතැනක කෙසේ සිදුවන්නේ දැයි සිතින් සිතාගත නොහැකි ය. මනුලොව උපත එතරම් ම දුර්ලභ ය.

කෝකාලික නමැති භික්ෂුවක් සාරිපුත්ත, මොග්ගල්ලාන අග්‍රශ්‍රාවකයන් වහන්සේලා කෙරෙහි සිතෙන් ආඝාත බැඳ පදුම නිරයෙහි උපන්නේය.

භාග්‍යවතුන් වහන්සේ කෙරෙහි වෛර බැඳ නොයෙක් අයුරින් පළි ගත් දෙව්දත් පෙණපිඬක හැඩය ගත් සියක් යොදුන් සිරුරෙන් යුතු ව අවීචි මහා නිරයෙහි උපන්නේය. දෙව්දත්ගේ බස් අදහා භාග්‍යවතුන් වහන්සේට ද ශ්‍රාවක සඟරුවනට ද අභූත චෝදනා කරමින් සිටි දෙව්දත්ගේ පන්සියයක් දායක පවුල් ද එහි ම උපන්නෝ ය. සඳ එළියෙහි එළිමහනේ වැඩහුන් සාරිපුත්ත අග්‍රශ්‍රාවකයන් වහන්සේගේ හිසට වැලමිටින් පහර දුන් යක්ෂයෙක් ඒ මොහොතේ ම චුත ව එහි උපන්නේය. උප්පලවණ්ණා මහරහත් තෙරණිය දූෂණය කළ නන්ද මාණවකයා ද එහි උපන්නේය. පොහෝ දා වළා නැති රෑ අහසේ දිලෙන පුන්සඳ මඬලට අසූචි පිඬක් ගෙන පහර දෙන්ට වෑයම් කරන්නියක සේ භාග්‍යවතුන් වහන්සේගේ චරිතය ඝාතනයට තැත් කළ චිංචි මාණවිකා ද එහි උපන්නාය. ලොවෙහි මෙවන් පව් කරන බොහෝ සත්වයන් වෙත මරණය ළඟා වන්නේ ඔවුන් සමාදානයේ සතපවන්ට නොවේ. තමා විසින් වපුරන ලද පාප කර්මයන්ගේ අස්වනු නෙළාගන්ට ය.

මරණයේ දොරටුවෙන් ප්‍රේතලොව යන්නෝ

9

කෙතරම් දුක් කම්කටොළු තිබුණ ද, ඇත්තෙන් ම මනුලොව යහපත් තැනෙකි. එසේ යහපත් වනුයේ කලණ මිතුරන්ගේ ඇසුරෙන් දිවියෙහි සැබෑ තතු දැන ගන්ට තරම් එහි ඉඩකඩ ඇති නිසා ය. තමන්ගේ දිවියෙහි අනාගතය සකසනු ලැබීමෙහි ලා වගකිවයුත්තා තමාගේ චේතනාව ම ය. චේතනාව මුල්කොට සිත කය වචනයෙන් යමක් කරනු ලැබේ ද, එහි විපාක වින්දයුත්තා තමා ම ය. සජ්ජනයන්ගේ ඇසුරක් නොලත්, දිවියෙහි අරුත් නිසි ලෙස පවසන දහමක් නොඇසුවෙක් සිය චේතනාව නිසි මග හසුරුවාගන්ට කෙසේ නම් සමත් වේ ද!

ලොවෙහි බොහෝ මනුෂ්‍යයෝ මරණය කැමති නමුදු කොහේ හෝ දුක් ඇති අත්බවෙක දුක් කම්කටොලු විඳින්ට කිසිදා නොරිසියෝ ය. මරණයෙන් හැම දෙය

අවසන් වන්නේය යන්න හුදු කථාමාත්‍රයෙකි. එය එසේ නොවේ. මරණය විසින් කරනු ලබන්නේ ඒ මියයන සත්වයා වෙනත් ලොවකට පිවිසවීම පිණිස කිසියම් දොරටුවක් විවර කොට දීම පමණි. ඉන් පසු මළවුන් අතර වන් තැනැත්තා කර්මානුරූපව සැකසෙන දිවියකට පිවිසිය යුතුය. ඇතැමෙක් මරණයෙන් අනතුරුව පිවිසෙනුයේ ප්‍රේතයන්ගේ ලොවට ය. ප්‍රේතයන් ද උපදිනුයේ ඕපපාතිකව ය. ඇතැම් ප්‍රේතයන්ට දරුමාල්ලෝ සිටිති. ඒ කර්මානුරූපව උපන් ඇතැම් ප්‍රේතයින්ට හිමි තැන ය.

බොහෝ අය ප්‍රේතයන් අතර උපත ලබනුයේ නිරයෙහි උපදින්ට පෙර ය. ඔවුහු බොහෝ කල් ප්‍රේත ලොව දුක් විඳ මරණයට පැමිණෙති. ඒ මරණයත් සමග ඔවුනට ප්‍රේතලෝකයෙහි දොර වැසී ගොස් නිරයෙහි දොර විවර වෙයි. ප්‍රේතලෝකයෙන් චුත ව යමරජු ඉදිරියෙහි පහළ වෙයි. එකල්හි ගෙවීගිය අතීතයක කිසියම් ආත්මයකදී තමා විසින් කරන ලද දරුණු පවක විපාකය පෙරට පැමිණේ. ඇතැම් අය පළමුව නිරයෙහි ඉපිද එහි අනේක දුක් විඳ එයින් චුත ව ප්‍රේතලොව උපදිත්.

මනුලොව දිවි සැරිය නිමාවන මොහොතේ ඇතැමුනට ප්‍රේතලොවෙහි උපදින ඉඟි දිස්වේ. 'කිමැ මේ තැන තැන අසුචි? කිමැ මේ මූත්‍රා..? කිමැ මේ ලෙහෙ...?' යනාදී පිළිකුල් කටයුතු දෑ පෙනෙන්ට පටන් ගනී. මරණයේ සෙවණැල්ල විසින් කෙමෙන් ඔහු වසා ගනු ලැබේ. එකල්හි කෙතරම් සෞන්දර්යයෙකින් පිරි වටපිටාවෙක, සුවපහසු යහනෙක සැතපී සිටිය ද, ඒ වගක් ඔහුට නොදැනේ. ඔහුගේ සිත වෙනත් ලොවක දුක් විඳීම පිණිස පිළියෙල වේ.

ප්‍රේතලොව උපන්නෝ පොදු වශයෙන් සිව් රැසකට බෙදෙති. එය ද සිය කම් වූ පරිදි ය.

'වන්තාසික' නමැති ප්‍රේත කොට්ඨාසයක් සිටිති. ඔවුනට හැම තැන ම දිස්වනුයේ ලේ, සෙම, සොටු, සැරව, මල මුත්‍රා ආදිය ය. දරාගත නොහැකි තරම් අධික කුසගින්නෙන් හා පිපාසයෙන් පෙළෙන ඔවුන් අහර සොයා ඉබාගාතේ ඇවිදයන කල්හි නිල් දිය දහර ගලාබස්නා නදියක් දකින්ට ලැබේ. දිය බොනු පිණිස වහා එහි දුව යන කල්හි නදියෙහි පැන් නැත්තේය. ලේ හෝ සොටු හෝ අසුචි මල මුත්‍රා සැරව ආදියක් එහි ගලාබසී. එකල්හි ඔවුන් කුස පුරා බොනුයේ ඒ අධික දුර්ගන්ධයෙකින් යුතු අපවිත්‍ර දේ ය.

ඇතැම් ප්‍රේතයිනට නදියක් නොපෙනේ. හැඳිවත් නැතිව, ඇටසැකිළි සිරුරු ඇතිව, දරුමාල්ලන් පිරිවරා, අහරපිඬක් සොයා කුසගින්නෙන් පීඩිත ව ඉබාගාතේ ඇවිද යති. නැතහොත් බිම රූටා ගාටමින් යති. මනුලොව කිසිවෙකු කාරා ඉවත ලන කෙළ, සොටු, සෙම, සැරව ආදිය ඔවුනට බොජුන් ය. මනුලොව කිසිවෙක් වමනය කරයි. එය ඔවුනට බොජුන් ය. එවන් අහරක් ලද විට ප්‍රේතයෝ එය අනුභව කොට පස්වනක් ප්‍රීතියෙන් පිනාගොස් කුල්මත් ව කෑගසත්. ක්ෂුධාග්නියෙන් පෙළෙන වෙනත් ප්‍රේතයින්ට ඔවුන් දකින්ට ලැබේ. ඔවුන්ගේ කුසෙහි පිරි සෙම් සොටු වමන ආදිය ද දකින්ට ලැබේ. එවිට ඒ ප්‍රේතයෝ වහා දිව අවුත් කුස පුරවා ගත් ප්‍රේතයින් පෙරළා ඔවුන්ගේ කුස පලා වැගිරෙන ලෙයින් යුතුව සෙම් සොටු වමන ආදිය ඩැහැගෙන සිය මුවෙහි බහාගනිත්.

මෙවැන්නන්ගේ සිරුරෙන් අධික දුර්ගන්ධයක් හමයි. ඇවිදිනා ඇටසැකිළි ය. පිටට නෙරූ නෙත් ඇත්තේය. විරූපී දත් ඇත්තේය. වැහැරීගිය කෙස් ඇත්තේය. ඇතැම් ප්‍රේතයින් ගව් ගණනින් සුවිශාල ඇටගොඩින් යුතු සිරුරින් යුතු ය. ඔවුන් විසින් අන් ප්‍රේතයින්ගේ කුස පළා අහරකිස කරන හෙයින් නිරතුරු මුවින් වැගිරුණු ලේ ඇත්තේය. මැස්සන් ද ඔවුන්ගේ සිරුර පුරා වසා සිටිත්. වැසිකිළි වළෙහි ඉපිද අසුචි බුදිමින් දුකසේ දිවි ගෙවනා බොහෝ ප්‍රේතයෝ සිටිත්.

මරණයෙහි කළු සෙවණැල්ල වසාගන්නා විට මනුලොව ඇතැම් අයට තදබල පිපාසයක් හටගනී. දිව ගිලෙනා තරමේ මහා පිපාසයෙකින් ඉස්පාසුවක් නැති සිතින් 'අනේ මට දියපොදක් බොන්ට ඇත්නම්' යි සිතමින් එහි ම සිත පිහිටුවා සිටියදී මරණයට පත්වේ. කර්මානුරූපව යෙදෙන එවන් ඉරණමක් ඒ මොහොතේදී වළක්වන්ට ක්‍රමයක් නැත්තේය. ගමන තීන්දු වී හමාර ය. ඔවුනට මරණයෙන් පසු දොර හැරෙනුයේ ප්‍රේත ලෝකයෙහි ය. එහි ඇටසැකිළි ප්‍රේතයෙකු වී විශාල හිසකින් යුතුව උපදී. ඒ ප්‍රේතයාගේ මුවෙහි මුඛයක් දකින්ට නැත්තේය. ඇතැමුන්ගේ මුහුණ මැද ඇත්තේ එක් ඇසක් පමණි. එවන් ප්‍රේතයන්ගේ මුව ඇත්තේ හිස මුදුනේ ය. ඒ මුඛය ඉඳිකටු සිදුරක් තරම් කුඩා ය. 'ඛුප්පිපාසික' නම් වූ ඒ ප්‍රේතයින්ගේ පිපාසය කල්පයක් ගෙවුණ ද අවසන් නොවේ. ගංගා, යමුනා, අචිරවතී, සරභූ, මහී යන පංච මහා ගංගාවන්ගේ සියලු ජලය ඔහුගේ හිස මත වත්කළ ද, ඒ ඉඳිකටු සිදුර බඳු මුවෙන් අසීරුවෙන් නමුත් පිවිසෙනුයේ දියබිඳු කිහිපයකි. 'අනේ මට පිපාස

ය. අර ගලාබසිනුයේ මිහිරි දිය ඇති නදියක් නොවේ ද. කුස පුරා සිහිල් දිය බොන්ට ඕනෑ ය' යි සිතා වේගයෙන් නදිය වෙත දිව ගොස් නදියෙහි බැස පෙරළෙමින් වෙහෙස ගෙන දියපොදක් ඉඳිකටු සිදුරු මුවින් කෙතරම් නම් බොන්ට මහන්සි ගත්ත ද, යාන්තමින්වත් උගුර නොතෙමේ. එවැන්නෙකුගේ පිපාසය කෙසේ නම් සංසිඳේ ද? පිපාසය වැඩි වෙන්ට වැඩි වෙන්ට ගවයන්ගේ මුවින් සෙම උතුරන සෙයින් ඔවුන්ගේ ද හිස මුදුනේ ඇති කුඩා මුවින් සෙම උතුරයි. එයින් දුර්ගන්ධය හමයි.

'නිජ්ඣාමතණ්හික' නමැති ප්‍රේතයෝ ඇත්තාහ. ඔවුන් මනුලොව සිටියදී කරන ලද බිහිසුණු පාපී අකුසල් හේතුවෙන් මරණින් මතු කෙලින් ම උපදිනුයේ නිරයේ ය. පොළොවෙහි යොදුනක් වැඩෙනා කල් එහි අනන්ත දුක් විඳ, ඉතිරි පව් විඳවීම පිණිස ප්‍රේතලොවට පැමිණේ. ප්‍රේතලොවෙහි ගත කරන ගිණිය නොහැකි තරම් කාලයක් බොහෝ දුක් වින්ද යුත්තේය. මේ ප්‍රේතයින් හට තිබෙන්නේ ගිනිගෙන දැවෙන සිරුරු ය.

අජගර නමින් පිඹුරු ප්‍රේතයෙක් අප භාග්‍යවතුන් වහන්සේ දිවමන් කල රජගහ නුවර අවට සැරිසැරුවේය. ඒ ප්‍රේතයා අතීතයේ බරණැස වුසූ මිනිසෙකි. එකල බරණැස පසේබුදුන් වහන්සේ නමක් වැඩසිටියෝය. නගරවාසීහු උන්වහන්සේ උදෙසා නදී තෙර අසබඩ කුටියක් කරවා උවැටැන් කළෝය. පසේබුදුන්ගේ කුටියට යන මාවතට යාබද කුඹුරක් තිබුණි. කුඹුරු හිමියා ද ඒ මාවතින් ගොස් කුඹුර වපුරයි. පසේබුදුන් වෙත යන මිනිසුන් අධික වූ විට ඔවුහු කුඹුරට බැස එයින් ද යති. සිය කෙතට මිනිසුන් බැසීම හේතුවෙන් ඔහු උරණ වූයේ පසේබුදුන් සමග ය.

දිනක් පසේබුදුන් පිඬු පිණිස බරණැසට වඩින වේලාවක් බලා උන්වහන්සේගේ කුටියට ගිනි තැබුවේය. පසේබුදුහු එය දැක හිමවත් පව්වට වැඩියෝය. මිනිසුන්ට මෙය සැලවූ විට එහි අවුත් ගිනිගෙන අළු වී ගිය කුටිය දෙස බලා සිටියදී 'තෙපි කුමක් නම් බලව් ද? තොපගේ මුඩු මහණාගේ කුටිය ගිනි ලෑවේ මා ය' යි කියා මිනිසුන් කුපිත කරවන වදන් කීය. එයින් කිපුණු කිහිප දෙනෙකු ඔහුට පහර දීමෙන් ඔහු මිය ගියේය. මරණින් මතු විවර වූයේ නිරයේ දොරටුව ය. එහි බොහෝ කල් දුක් විඳ දැන් පිඹුරු ප්‍රේතයෙකු ව ඉපිද සිටියි. ඒ ප්‍රේතයාගේ නගුටේ පටන් ගිනි ඇවිලගොස් හිස දක්වා දවාගෙන යයි. මොහොතක් නිවේ. යළි හිසෙන් පටන් ගන්නා ගින්න නගුට දක්වා දවාගෙන යයි. ප්‍රේතයාට ගැලවීමක් නැත්තේය.

ගවදෙනගෙ තනපුඩුයෙන් - වහා නික්මෙන කිරි සේ
කරන ලද පව්හි ඵල - නැත වහා පල දෙනුයේ
එය සැඟවී තිබේ - අළු යන සැඟවුණ ගිනි පුපුරු සේ
නිසි කල් පැමිණිවිට - පව් කළ අනුවණයා එයින් ම දැවේ

ලක්ඛණ නමැති රහත් තෙර නම තවත් ප්‍රේතයෙකු දුටුවේය. ඒ ප්‍රේතයා සුවිශාල ඇටසැකිළි ප්‍රේතයෙකි. ඔහුගේ හිසට සැටදහසක කුළුගෙඩි පහර වදී. එයින් හිස බිඳී ලේ ගලා යයි. සැණෙකින් යළි හිස ප්‍රකෘතිමත් වේ. නැවත සැටදහසක කුළුගෙඩි පහර හිස මත පතිත වේ. නැවත හිස පුපුරා යයි. එහි අවසානයක් නැත්තේය. ඉවසිය නොහැකි වේදනාවෙන් උමතු ව මහා කලබලයට පත් ව බලවත් ව්‍යාකුල සිතින් කෑගසමින් ඔබමොබ දිව යයි.

පෙර මනුලොව බරණැස ඇවිදගත නොහැකි ලෙස පා කොර වූ මිනිසෙක් සිටියේය. ඔහු කරත්තයක වාඩිවී සාලිත්ත ශිල්පය නම් අපූරු ශිල්පයකින් දස්කම් පෑවේය. එනම් ලොකු පත්‍ර ඇති රුක් සෙවණක සිට ඒ පත්‍ර සිදුරු වී යන්ට ගල් විදී. එයින් ඔහු සිදුරු චිත්‍ර මවයි. මොහුට පැහැදුණු රජ ද බොහෝ තෑගි දුන්නේය. දිනක් එක්තරා පවිටු මිනිසෙක් ඒ ශිල්පයට ලොල් ව, මේ ශිල්පියාට උවටැන් කොට, බොහෝ ආයාචනා කොට ශිල්පය උගත්තේය.

තමා උගත් ශිල්පයේ හාස්කම් බැලීමට මොහු සිතුවේය. කාත් කවුරුවත් නැතියෙකුට ගලින් විද සිය කුසලතා දකින්ට සිතුවේය. එසේ සිතා එබන්දෙකු ගැන විමසිල්ලෙන් සිටියේය.

එකල සුනෙත්ත නමැති පසේබුදුන් වහන්සේ බරණැස් නුවර ඇසුරු කොට කුටියෙක වැඩවුසූ සේක. අතට ගත් පාත්‍රය ඇතිව හුදෙකලාවේ පිඬු සිඟා වඩින සුනෙත්ත පසේබුදුහු දෙස මේ අසත්පුරුෂයා බලා සිටියේය. 'හෝ... මොහුට නම් මාපිය නෑහිතමිතුරු කිසිවෙකු නැත්තේය. මොහු වැනියෙකුට ගලින් විද්ද කල්හි කවුරු නම් දඬුවම් දෙත් ද? එහෙයින් මොහුට පහර දී මා උගත් සිප් දැනුමේ මහිමය විමසිය යුත්තේය' යි පසේබුදුහුගේ කන් සිදුර ඉලක්ක කොට වේගයෙන් ගලක් විද්දේය. ඒ වේගය කෙතරම් දරුණු ද යත්, දකුණු කනෙන් පිවිසි ඒ ගල වම් කනෙන් පිට ව ගියේය. අධිකතර වේදනාවක් පැනනැංගේය. ඒ මොහොතේ ම අහසින් කුටියට වැඩි පසේබුදුන් වහන්සේ පිරිනිවන් පෑහ.

ඒ අසත්පුරුෂයාගේ මනුලොව දිවිය සරු නොවීය. ඔහු කරා මරණය වහා පැමිණියේය. මරණය විසින් ඔහුට විවර කර දෙනු ලැබුවේ අවීචි මහා නිරය ය. යොදුනක් පමණ මහපොළොව වැඩෙනතුරු එහි දුක් වින්දේය. ඉතිරි විපාක විඳිනු වස් රජගහ නුවර ඇටසැකිළි ප්‍රේතයෙකු ව ඕපපාතික ව උපන්නේය. සැටදහසක කුළුගෙඩි පහර වදිනුයේ ඔහුගේ හිසට ය.

මෙසේ වන්තාවාස, ඛුප්පිපාසික, නිජ්ඣාමතණ්හික යන ප්‍රේත යෝනිවල උපන් සත්වයෝ බොහෝ සිටිති. අන් කිසිවෙකු දෙන පිනෙකින් යැපෙන්ට මේ ප්‍රේතයින්ට වාසනාවක් නැත්තේය. ඔවුහු අතරක් නැතිව දුක් විඳිමින්, බලවත් මානසික ව්‍යාකූලතාවෙකින් යුතුව, වියරු බවෙන් යුතුව, මහා කලබලයෙන් යුතුව, කඳුළු වගුරුවමින්, බැගෑහඬ නගමින් දුකසේ වසත්.

'පරදත්තූපජීවී' නමින් ප්‍රේතයෝනියක් ඇත්තේය. ඔවුන් මනුලොව සිටියදී කා බී සතුටු වූ නමුදු මරණින් මතු යහපත් ලොවක රැගෙන යනු පිණිස පින් දහම් කිරීමක් නොකෙරුණේය. එහෙත් ඔවුනට පිං පිණිස සංඝයා උදෙසා දෙන දානයක් සිත පහදා අනුමෝදන් ව පින් ලබාගැනීමේ හැකියාව ඇත්තේය. එවන් ප්‍රේතයන්ගේ පින පෑදෙන්නේ බුදුකෙනෙකුන් ලොව පහළ වූ කලකදී ය. බුදුවරුන් ලොව පහළ වී නොමැති තාක් පරදත්තූපජීවී ප්‍රේතයින්ට ද අනන්ත දුකින් කල් ගෙවන්ට සිදුවන්නේය.

කුරු රට හස්තිනීපුර සේරිණී නමැති වෙසඟනක් සිටියාය. සිය වෘත්තියෙන් බොහෝ ධනය ඉපැයූ ඈ රූමදයෙන් මත් ව සිටියාය. ඒ හස්තිනීපුර වෙහෙරකට

පොහොය කරනු පිණිස බොහෝ භික්ෂූන් රැස්වූ කලක් තිබුණේය. සංඝයා බොහෝ රැස්වෙනු දුටු මිනිස්සු ආහාර පානාදිය සකසා දන් පැන් පිදුවෝය. 'අප මෙවන් දනක් පුදන ලද්දේය. මේ පින අනුමෝදන් වව' යි ඇයට කී කල්හි ඕ ඔවුනට උසුළු විසුළු කළාය. මනුලොව යහතින් කල් ගෙවූ ඇය කරා ද මරණය පැමිණියේය. මරණයට පිවිසි ඇය පිටවූයේ වෙනත් ලොවක් බලා ය. ඇයට ද ඕපපාතික උපතක් ලැබුණි. සේරිණී දැන් ප්‍රේතියකි. පිටිසරබද නුවරෙක කුණුදිය අගලක් මත ප්‍රේතියක් ව උපන්නාය.

හස්තිනීපුර එක්තරා උවසුවෙක් වෙළඳාම් පිණිස ඒ පිටිසර නුවරට ගියේය. සේරිණී ප්‍රේතිය වහා ඔහු හඳුනාගත්තාය. රෑ හිමිදිරියේ දියකිස පිණිස කුණු අගල වෙත ගිය ඔහුට ඇයගේ ස්වරූපය දක්වා සිටියාය. උවසු තෙමේ ප්‍රේතිය දැක නොබියව ප්‍රශ්න කළේය.

"අහෝ... සමකින් ඇලීගිය ඇටසැකිළි තැනැත්තී, තිගේ පෙනුම ඉතා බිහිසුණු ය. ඉල්පගිය නහර ඇත්තී, ඉළඇට ද මතු ව, දෙකොපුල් යටට බැස, කඳුළු හෙළනා නෙතින්, විරූප ව සිටින තී කවුද?"

"පින්වත, අනේ මා ද මනුලොව ඉතා සුවසේ සිටි එකියකි. එහෙත් මා අතින් කිසි පිනක් නොකෙරුණේය. බොහෝ පව් කොට මියගොස් මේ ප්‍රේත යෝනියට ආවෙමි."

"එම්බා ප්‍රේතිය, තී සිත කය වදනින් කිනම් පවක් කරන ලද්දේ ද? කිනම් පවක විපාකයකින් මනුලොවින් චුත ව මේ උපත ලද්දී ද?"

"අනේ... ඒ හස්තිනීපුර පින්කෙත් වූ භික්ෂූහු වැඩවිසුවෝය. උන්වහන්සේලාගේ දානය පිණිස අඩමස්සක් පමණවත් නොදී එය ද රැස්කළෙමි. දන් දෙන්ට බොහෝ දේ මා සතු ව තිබුණේය. එහෙත් තමාට පරලොවදී පිහිට සදන පිනක් කරගන්ට මට නොහැකි වූයේය.

නොඉවසිය හැකි පවසකින් පෙළෙමි මම්. සිහිල් දිය බොන්නෙමි යි මිහිරි දිය ගලාබස්නා නදිය වෙත දිව යන විට අහෝ... ඒ නදිය නොපෙනී යයි. වැලි පමණක් පෙනේ. මා ඒ වැල්ලේ ම ඇදවැටේ. ගිනි හා සමාන දැඩි අව් රශ්මියෙන් මුවා වෙන්නෙමි යි රුක් සෙවණට ගිය විට ඒ සෙවණ පවා එතැනින් බැහැර වේ. අව්ව ම වැටේ.

ගිනිගත් සුළඟ හමා මා ගත දවයි. අනේ හිමියනි, මෙවන් දුකක් උරුම වෙන්ට මා හට නිසි ම ය. මීටත් වඩා දරුණු දුක් වුව ද ලබන්ට නිසි ම ය.

හස්තිනීපුර ගියවිට සේරිණියගේ නිවසට ගොස් ඇගේ මව්ට මෙය කිව මැනව. 'එම්බා මෑණියනි, සේරිණී නමැති තිගේ දියණිය මනුලොව සිටියදී බොහෝ පව් කළාය. මරණයට පත්වූ පසු ප්‍රේත යෝනියෙහි උපන්නාය. මා විසින් ඒ ප්‍රේතිය දකින ලද්දීය.

ඒ තිගේ දියණිය රැස්කොට සඟවා තැබූ ධනයක් ඇත්තේය. මෙතෙක් එය කිසිවෙකුට පවසා නැත. කහවණු සාරලක්ෂයක ඒ ධනය සඟවා ඇත්තේ පලඟ යට ය. එය වියදම් කොට සේරිණියට පිං පිණිස දන් දෙව. මව් ද එයින් සුවසේ දිවි ගෙවව' යි කිව මැනව.

අනේ මාගේ මෑණියන් ලවා දන් පින් කොට මට පින් දෙන්ට කියා කිව මැනව. එකල්හි මා විඳිනා මේ දුකෙන් අත්මිදෙන්ට හැකිවන්නේය."

උවසුවා යළි හස්තිනීපුර ගිය කල්හි සේරිණියගේ නිවසට ගොඩවී ඇයගේ මවට සියලු තතු පවසා සිටියේය. පලඟ යට සඟවා තිබූ ධනය සම්භ විය. මව්තොමෝ ඇයට පිං පිණිස සඟරුවනට දන් පිදුවාය. ඒ පින සේරිණී ප්‍රේතියට අනුමෝදන් කළාය. එයින් සුවපත් වූ ප්‍රේතියට පියකරු සිරුරක් ලැබුණේය. ප්‍රණීත ආහාර පාන වස්ත්‍රාදියත් ලැබුණේය. ප්‍රේත ලොවෙහි බොහෝ කල් සුවසේ වසන්ට ඇයට වාසනාව උදාවූයේය. එහෙත් ප්‍රේත ලෝකයෙහි ගෙවෙන කාලය අවසන් වූ විට යළි මරණය පැමිණේ. එවිට ඇය පිවිසෙනුයේ කවර දොරටුවෙකින් කිනම් ලොවකට දැයි කවුරු දනිත් ද!

ප්‍රේත ලෝකයෙහි සිටිනුයේ නානාප්‍රකාර වෙස් ඇති ප්‍රේතයෝ ය. ඇතැම් ප්‍රේතයින්ට ඇත්තේ ඌරෙකුගේ බඳු මුවකි. ඔටුවන්ගේ බඳු පා ය. විරූපී සිරුරු අවයව ය. ඇතැම් ප්‍රේතයන් කපුටන්, ගිජුලිහිණියන් වැනි සත්වයෝ ය. ඇතැම් ප්‍රේතයන් ගල්කුළු ය. රුක් ය. ඇතැම් ප්‍රේතයින්ගේ සිරුරු ඉඳිකටු තුඩ වැනි දිගුලොමින් ගැවසී ඇත්තේය. ඔවුන්ගේ සිරුරු හැඩ පිහිටා ඇත්තේ මනුලොවදී කරන ලද කර්මයන්ට අනුරූප ලෙස ය. ඔවුන් තුළ දක්නට ඇති පොදු ලක්ෂණය වනාහී විරූපී බවත්, නග්න බවත්, සාපිපාසාදියෙන් පෙළෙමින් බැගෑපත් ව අසරණ ව සිටීමත් ය. මනුලොව ඉතාමත් දිළිඳු හිඟන්නාට යමක් ඇද්ද, බොහෝ ප්‍රේතයනට එබඳු යමක්වත් නැත්තේය.

මරණයේ දොරටුවෙන් තිරිසන් ලොව යන්නෝ

⑩

මරණය යනු ලේසියෙන් පහසුවෙන් විසඳාලිය හැකි ප්‍රහේලිකාවක් නොවේ. බොහෝ අය සිතා සිටිනුයේ මරණය පිළිබඳ ඔතරම් ගැඹුරට සොයා බැලීමට තරම් දෙයක් නැත කියා ය. ඊයේ උපන්නේය. අද ජීවත් වේ. හෙට මැරෙන්නේය. මින් එහාට මෙහි කුමක් ඇත්තේ ද? මරණය යනු සිහින නොමැති නින්දෙකි. ඇඟ වසා ගන්නා සුදු කබායෙකි. දෙවියන් වෙත කැඳවනු ලබන අදිසි හස්තයෙකි. සමාදානයේ සැතැපීමෙකි. නිවන් සුව ලැබීමෙකි. උඩට යෑමෙකි යනාදී වශයෙන් කිසියම් රසවත් වැකියෙකින් මරණයට පත්වූ තැනැත්තා ගැන පවසා ඉවත බලාගැනීම මිනිසුන්ගේ සිරිත ය.

එහෙත් මරණය යනු ඉතාමත් බැරෑරුම්, තීරණාත්මක, වගකීමෙකින් යුතු, අතිශය වැදගත් අවස්ථාවකි.

මරණයේදී මෙලොව ඇති සියල්ල ම අත්හැරීමට ඔහුට සිදුවේ. ඔහුගේ බිරිඳ, නැතිනම් ඇයගේ සැමියා, සොයුරු සොයුරියන්, දරු මුණුබුරන්, අදරැති නෑසියන්, සිය පණටත් වඩා ආදරය කළ පුද්ගලයන් මෙන්ම වස්තූන්, තැන්පත් ධනය, තමා සතු ඉඩකඩම් දේපල, දුකසේ තනාගත් ගේදොර, මහත් ආශාවෙන් ගමන් ගිය වාහන, තමා ලද තාන්න මාන්න පදවි ථානාන්තර ආදී සියල්ල ම අහිමි වී යන්නේය. එපමණෙක් ද! මේ සා කලක් මුළුල්ලේ මහත් පරෙස්සමින් යුතුව නහවා, කවා පොවා, සුවඳ ගල්වා, ඇඳුම් ආයිත්තමින් සරසවා පිළිදැගුම් කරන ලද තමන්ගේ ම කය! එයත් දමා යායුතු නොවේ ද? එසේ සියල්ලෙන් ම වෙන් වී යන මරණයෙන් පසු උපතක් කරා යන සත්වයා පිවිසෙන්නේ වෙනත් ලොවකට ය.

මනුලොව උපන්නෙකුට සිය උපත කෙරෙහි මහත් උකටලී ව කණස්සලු වෙන්ට කරුණු කාරණා බොහෝ ඇති බව සැබෑ ය. එහෙත් එපමණෙකින් මනුලොව හෙළා නොදැකිය යුතුය. මිනිසෙකු ව සිට තිරිසන්ගත සත්වයෙකුගේ උපත මිනිස් උපතට වඩා මැනවැයි සිතන මිනිස්සු ද සිටිත්. ධනවත් නිවෙස්හි පරෙස්සමට හා ආදරයට ඇකයෙහි හොවා ඇතිදැඩි කරනු ලබන සිත්කලු රූ ඇති බල්ලෝ සිටිති. සියලු සැලකිළි ඔවුනට ය. යම් හෙයකින් මම් ද එවන් සුනඛයෙකු ව උපන්නෙම් නම්, කෙතරම් මැනවි ද! දැන් මෙවැනි උපතක් ලබා නිස්කාරණයේ දුක් විඳිනා අරුත කිම? හිමිදිරියේ අවදි ව මිහිරි සරින් ගී ගයන කුරුල්ලන්ගේ හඬ අසා ඔවුන් අතුපතරට පනිමින් කෙළිදෙළෙන් වසනු දැක අඩුගණනේ කුරුල්ලෙකුවත් වීම මැනවි යි කියන්නෝ ද සිටිති. තම

තමන්ට රිසි සේ අලංකාර සතෙකු ව උපත ලද හැකිනම් ලොවෙහි අලංකාර සතුන් පමණක් දැකිය හැක්කේය. එහෙත් එය එසේ නොවේ. ඉතා ජුගුප්සාජනක, විරූපී සත්තු කොතෙකුත් සිටිති.

උපන් තැනැත්තා මරණින් මතු නිරයෙහි හෝ ප්‍රේත ලෝකයෙහි හෝ තිරිසන්ගත ආත්මයක හෝ උපත ලබයි නම්, එය ඔහුගේ ජීවිතයේ මහත් ම පරාජයෙකි. අප භාග්‍යවතුන් වහන්සේ ජීවමාන ව වැඩසිටි අවදියේ සැවැත් නුවර වුසූ තෝදෙය්‍ය නමැති බ්‍රාහ්මණවංශික මිනිසෙක් මරණයට පත් ව බල්ලෙකු ලෙස උපත ලබා තමා කලින් සිටි නිවසට ම ආවේය. එක් රහත් නමකට නින්දා කිරීම හේතුවෙන් රජගහ නුවර වස්සකාර නමැති බ්‍රාහ්මණවංශික අමාත්‍යවරයා මරණින් මතු වානරයෙකු ව උපදින්ට සිදුවන්නේ යැයි අසා, රජගහ නුවර වනගත පෙදෙස්හි අඹ ගස් රෝපණය කරවීය. ඒ වඳුරෙකු ව උපන් කල අඹ බුදිනු පිණිස ය. සැවැත් නුවර වුසූ එක් සිල්වත් තෙරනමක් සිය සෝයුරිය සකසා දුන් සිවුර පොරවනු කැමති ව සිට ඊට කලින් දා අපවත් වී ඒ සිවුරේ ම කාවෙකු ව උපන. සැවැත් නුවර ම අචිරවතී නදියෙහි රන්පැහැ මසෙකු හමු ව ඒ මත්ස්‍යයා භාග්‍යවතුන් වහන්සේට පෙන්වීය. භාග්‍යවතුන් වහන්සේ ඒ මත්ස්‍යයාට මිනිස් බසින් කතා කරන්ට සැලැස්වීය.

ඔහු කසුප් බුදුන්ගේ සසුනෙහි මහණදම් පිරුවෙකි. වසර විසිදහසක ආයු ඇති ඒ යුගයේ මහණදම් පුරන්ට මවක්, පුතුන් දෙදෙනෙක් හා දියණියක් සසුන්ගත වූහ. එයින් එක් පුත්‍රයෙකුට කසුප් බුදුසසුනෙහි ම නිකෙලෙස් ව පිරිනිවන් පාන්ට වාසනාව ලැබුණේය. එහෙත් මවටත්

සොයුරියටත් මහණදම් පුරන්ට නොහැකි විය. සිවුරේ සිටියදී ම පව් කොට මරණින් මතු නිරයෙහි උපන්හ. තමා ද කයින් සිල් රැකි නමුදු වචනයෙන් සිල්වතුනට ගරහා ආර්යෝපවාද කර්ම රැස්කොට දුගතියෙන් දුගතියට ගොස් මෙවර ජන්මය ලදුයේ අචිරවතී නදියෙහි මත්ස්‍යයෙකු ලෙස ය. රන් පැහැති වූයේ කයෙන් රැකි සීලයේ විපාකයෙනි. එහෙත් ඒ මාළුවාගේ මුවින් දැඩි දුර්ගන්ධයක් නිකුත් වේ. ඒ වචනයෙන් සිදු වූ වරද නිසා ය. ඔහු ඊළඟට කොහි උපදින්නේ දැයි විමසන ලදුව මරණින් මතු යළි නිරයේ උපදින්ට වන්නේය කියා තෙමේ ම ඔරුකඳෙහි හිස ගසාගෙන මරණයට පත්ව නිරයෙහි උපන්නේය.

මෙකල ද මනුලොව මිනිසුන් මරණින් පසු තිරිසන් ලොවෙහි ඕනෑ ම සතෙකු වී උපදින්ට කරුණු ඇත්තේය. එහෙත් මිනිසෙකු මියගොස් තිරිසන් සතෙකු ව උපදී ය යන්න ඇතැමුනට එකඟ විය නොහැකි, ඇදහිය නොහැකි, විකාර කරුණක් සේ පෙනෙන්ට පුළුවන. එහෙත් මරණින් මතු තිරිසන් සතුන් අතර ද උපදින්ට සිදුවේ ය යන කරුණ සැබෑවෙකි. මරණය පිටුපස ඇති මහාතිරයෙන් වැසී ඇත්තේ අනේක ලෝකයන් කරා යන අනේක දොරටු ය. එහි සැබෑ තතු අවබෝධ කළ, දෙව් මිනිසුන්ගේ පරම කලණමිතුරු අප භාග්‍යවතුන් වහන්සේ ලොවට මැනැවින් තෝරා බේරා දුන් සේක. තමාගේ කැමැත්ත පරිදි හැසිරවිය හැකි, පරෙස්සමෙන් මෙහෙයවිය හැකි ආත්මයක් හෝ ආත්මයකට අයත් දෙයක් මේ කයෙහිවත් සිතෙහිවත් නැති වග වදාළේ උන්වහන්සේ සියල්ලෙහි ඇති තතු එලෙසින් ම පසක් කළ නිසා ය.

මරණයෙහි එළිපත්තට පැමිණි තැනැත්තා කුමක් සිතා සිටිය ද, කර්මානුරූප ව කොහේ හෝ කවරෙකු වී හෝ උපතක් ලබන්ට සිදුවන්නේ ම ය. තිරිසන් ලොවෙහි උපදින්නේ ද කර්මානුරූපව ම ය. තිරිසනුන්ගේ ලෝකයෙහි කලාතුරෙකින් කිසියම් සැපක් විඳින සතෙකු දෙස බලා ඔවුන්ගේ ලෝකය පිළිබඳ ඒකාන්ත නිගමනයකට බැසගැන්ම අනුවණකමෙකි. මනුලොව උපන් එක්තරා ස්ත්‍රියක විසින් එළුවෙක් මරන ලද්දේය. ඒ කර්ම විපාකය කෙතරම් බරපතල ද යත්, ඇයට පන්සිය වතාවක් ම එළු ආත්මය ලබා පන්සිය වතාවක් ම මැරුම් කන්ට සිදුවිය. මරණයට තේරී එයට ම ගැලපෙන ලෙස කර්ම සකස් වී උපදින තිරිසන්ගත සත්වයෝ ලොව කෙතරම් සිටිත් ද!

තිරිසන් ලෝකයේ තෘණ බුදින සත්වයෝ සිටිති. ඔවුහු අමු තෘණත්, වියළි තෘණත් දතින් උලා කා එයින් යැපෙත්. අශ්වයන් ගවයන් එළු බැටළුවන් මුවන් සාවුන් වැනි බොහෝ සත්තු එවැනි අහරින් යැපෙන්නෝ ය. ඔවුන් බොහෝ දෙනෙකු කිසියම් පෙර භවයක මනුලොව ඉපිද සිටින්ට බැරි නැත. එහෙත් ඔවුන්ට වැරදුණේය. ඒ සතුන්ගෙන් විදහා දක්වනුයේ පෙර ජීවිතයක වැරදුණු බව ය. 'මා දෙස බලනු මැන. මා ද පෙර ඔබ මෙන් මනුලොව සිටියෙකි. මා අතින් පිනක් නොකෙරුණේය. එහෙත් පව් කෙරුණේය. එහෙයින් දැන් මොරගෑමක් පමණක් ඇති, සීතල උණුසුමින් පීඩිත, කුසගින්නෙන් පිපාසයෙන් පෙළෙන, මරණයට මැදි වී සිටින සිව්පා සතෙකු ව උපදින්ට මට සිදු විය' යන කරුණ නොවේ ද?

ඇතැම් තිරිසන් සත්තු අසුචි බුදින්නෝ ය. තැන තැන මලපහ කොට ඇති මිනිසුන්ගේ අසුචි ගඳ ඉව

කරමින් 'මෙහිදී ම බුදිමු, මෙහිදී ම බුදිමු' යි බලවත් ලොල් බවකින් එය කරා දිව යති. ඒ අසුචි බුදින සත්වයන් අතර උෟරන් බලු සිවල් කුකුළු ආදී සත්තු ද සිටිති. ඔවුන් විසින් පෙර ආත්මයේ යමක් කරන ලද්දේ ද, ඒ හේතුවෙන් මරණින් මතු මෙවන් ලොවකට කැඳවන ලද්දේය.

ඇතැම් තිරිසන්ගත සත්වයන්ගේ උපත මහපොළොවේ පස් යට ය. පසට යට වී අඳුරේ උපදින ඔවුන් අඳුරේ ම වියපත් ව අඳුරේ ම මියයති. කීටයෝ, පණුවෝ, ගැඩවිල් ආදී සතුන්ගේ දිවි එබඳු ය. මනුලොව උපත ලබා සිටියදී යහපත් කලණදම් පුරාගන්ට නොහැකි වූ ඔවුන්ගේ ඉරණම තීරණය වූයේ මරණින් මතු පොළොව යට කලුවරේ ඉපිද පස් අතරේ දිවි ගෙවන්ට ය.

ජලයේ ඉපිද, ජලයෙහි ම වියපත් ව, ජලයෙහි ම මියයන තිරිසන්ගත සත්වයෝ ඉතා බහුල ය. මත්ස්‍යයන්, කැසුබුවන්, කිඹුලන් ආදී සතුන්ගේ ඉරණම සැකසී ඇත්තේ එලෙස ය. මනුලොව සිටියදී කාමයෙන් මුසපත් ව බොහෝ පව් කළ මනුෂ්‍යයෝ මරණින් මතු ජලයෙහි ද උපත ලබන්නාහ. එසේ ම අසුචියෙහි ඉපදී අසුචියෙහි වියපත් ව අසුචියෙහි ම මරණයට පත්වන සත්වයෝ සිටිති. එසේ ම කුණුමසෙහි ද, කුණු අහරෙහි ද, කුණුවළෙහි ද, කුණු කාණුවෙහි ද ඉපිද එහි ම වියපත් ව, එහි ම මියැදෙන සත්වයෝ කෙතෙක් නම් සිටිත් ද!

තිරිසන් සත්වයන් විඳින දුක් කන්දරාව මෙතෙකැයි කියා වචනයෙන් පවසා අවසන් කළ නොහැකි ය. ඔවුහු එතරම් ම දුක් විඳිති. උපතක් ලැබීමෙන් පසු කාටත් උරුම වන රෝගපීඩාදී දුක්, කායික දුක්, මානසික දුක්,

ප්‍රියයන්ගෙන් වෙන්වීමේ දුක්, අප්‍රියයන් හා එක්වීමේ දුක්, සිරබත් කමින්, අනේක වධයන්ට ලක්වෙමින්, අනුන්ට බැලමෙහෙවර කරමින්, තමා අකැමති ව සිටියදී මරණයට ලක්වෙමින්, පිපාසය බඩගින්න, අව් වැසි, කාමවේග ආදියෙන් දැඩි සේ දුකින් පෙළෙමින් සිටිති. යම්හෙයකින් මනුලොව මිනිසෙක් මරණින් මතු නිරයෙහි හෝ තිරිසනුන්ගේ ලොවෙහි හෝ උපතක් ලබන්ට එක්වරකට හෝ සිදුවුවහොත් යළි මිනිස් උපතකට ඔහුගේ පැමිණීම කවදා කොතැනක වේ දැයි කිසිවෙකුටත් කිව නොහැකිය. එය එතරම් ම සිදුනොවිය හැකි දෙයකි. ඒ තිරිසන් ලොවේ ඉවසීම, දයාව, කරුණාව, දානය, ඉන්ද්‍රිය දමනය, අනුන්ට උපකාරී වීම, පිදිය යුත්තන් පිදීම ආදී කිසිදු පිනක් කරගැනීමේ අවකාශයක් නැති නිසා ය. එහි බොහෝවිට තිබෙනුයේ බලවතා විසින් දුබලයා කාදැමීම ය. එසේත් නැතහොත් මිනිසුන්ගේ ඕනෑඑපාකම් මත මරණයට පත්වීම ය. ඔවුන්ගේ ඉරණම තීන්දු වී ඇත්තේ ඒ අයුරිනි.

විවිධ වර්ණයෙන්, විවිධ හැඩයෙන්, විවිධ ශබ්ද නගමින්, විවිධ ගමන් ඇති තිරිසන් ලෝකය එක් අතකින් බලනවිට අද්භූත විචිත්‍ර බවකින් යුතු ය. බාහිර පෙනුමෙන් තිරිසන්ගත සත්වයන්ගේ විචිත්‍ර බව දිස්වන නමුත් ආධ්‍යාත්මික වශයෙන් ඔවුහු ඉතා දිළිඳු ය. කිසිවක් වටහාගත නොහැකි, ආධ්‍යාත්මික ව අතිශය දිළිඳු සත්වයෙකුගේ චේතනාව තුළ මහත් යහපතක් උපදවන පිනක් රැස් නොවේ. එවන් සත්වයෙකු මිය යන විට නැවත නැවතත් ඒ සත්වයාට විවර වනුයේ තමා වුසූ තැන ම ය. එනිසා ම බොහෝ සත්වයෝ සිය දහස් කෝටි වර එක

ම සත්ව යෝනියේ උපදිති. එනම්, එක සත්ව යෝනියක් තුළ එක් සත්වයෙක් සිය දහස්වර මරණයට පත්වේ. මෙය වචනයෙන් නොකිව හැකි තරම් සීමාවක් නැති දුක්ඛිත ඉරණමක් නොවේ ද! මනුලොව මිනිසෙකුගේ ඉරණම විසඳෙනුයේ තිරිසනුන්ගේ ලොවෙහි ඉපදීම පිණිස නම් ඒ මිනිසා වැනි පරාජිතයෙක් වෙන සිටී ද?

මරණයේ දොරටුවෙන් අසුර ලොව යන්නෝ

11

නොපෙනෙන ලෝකයෙහි ජීවත්වන්නවුන් පිළිබඳ දැනගැනීම ඉතාමත් අපහසු කරුණෙකි. එය මෙබඳු දෙයකි. දහවලට පෙනීමේ හැකියාව ඇත්තේ මිනිසුන්ට පමණක් නොවේ. කුරුල්ලන්, සිවුපාවුන් වැනි බොහෝ සත්තු දහවල් හිරු එළියෙන් ලොව දකිති. කර්මානුරූපව ඔවුන්ට නෙත් ලැබී ඇත්තේ දහවල ලොව දකින්ට ය. එහෙයින් හිරු උදාවන විට මිනිසුන්ට මෙන් ම සතුන්ට ද සතුටු ය. මිනිසුන් අවදි ව තම තමන්ගේ දෛනික කටයුතුවල යෙදෙන්නේ හිරු උදාවත් සමග ය. සත්තු අවදි ව තම තමන්ගේ අහර ආදිය සොයා ලැගුම් අත්හැර යති. එහෙත් දහවලට නොපෙනෙන රාත්‍රියට පමණක් පෙනෙන ඇතැම් තිරිසන් සත්වයෝ සිටිත්. ඔවුහු දහවල් කාලයේ වෙනත් සතුන්ගේ බැල්මකට හසුනොවන පරිදි සැඟවී වසත්.

හිරු බැසයන්ට පටන් ගත්විට බොහෝ මිනිස්සු වැඩකටයුතු නවතා, සිය නිවෙස් බලා අවුත්, විඩා නිවා ගනිමින් කිසියම් විවේකයකින් යුතුව රෑ නින්දට සූදානම් වෙති. දිවා කල හැසිරුණු සත්වයන්ගේ නෙත් හිරු බැසයන විට නොපෙනී යයි. දැක්ම අපැහැදිලි වේ. එකල්හි ඒ සත්වයෝ ගමන් මග නොපෙනී යන්ට පෙර තමන් ලැග සිටි තැන් කරා අවුත් නිසොල්මන් වෙති. හිරු උදාවන විට නිශාචර සත්වයන්ගේ නෙත් නොපෙනී යන නමුත් හිරු බැසයන විට ඔවුන්ගේ දැක්ම කෙමෙන් පැහැදිලි වී, තියුණු වී දිවා කලෙක මෙන් පෙනෙන්ට පටන් ගනී. බොහෝ සතුන් නිදියන ඒ අඳුරු රැය නිශාචර සතුන් හට නිදහස් කෙළිමඬලෙකි. ඔවුහු රාත්‍රියේ කිසි බියකින් සැකයෙකින් තොරව රිසි සේ ගොදුරු සොයා දඩයම් පිණිස පිටවී යති. ඔවුන්ට දඩයම් සොයාගැනීම ඉතා ලෙහෙසි ය. රෑ නොපෙනෙන සත්වයන් තන්හි තන්හි නිසොල්මනේ නිදාසිටිනා හෙයිනි.

අසුර ලොව ද රැයෙහි හැසිරෙන නිශාචරයන්ගේ ලොව බඳු ය. දහවල් මධ්‍යාහ්නයෙහි හිරු මුදුන් වූ කල අව්රශ්මිය තදින් දැනීම මනුලොව අප කාටත් හොඳින් වැටහෙන අත්දැකීමෙකි. එලෙසින් ම මැදියම් රැය එළඹි කල අසුරයන්ගේ ගති පැවතුම්හි උච්චාවස්ථාවට පත්වේ. එකල්හි ඔවුන්ගේ කායබලයත්, චෛතසික බලයත්, ජවයත් වඩා පණගැන්වෙන්නේය. ඒ මැදියම් රැයෙහි ඇති අඳුරෙහි තෙද ඔවුන්ගේ ගති වේගවත් කොට ඔවුන් වඩාත් ජවසම්පන්න කරවයි. දහවල් කල්හිදු ඔවුන්ගේ බලපරාක්‍රමය මිනිසුන් ඇතුළු අන් සත්වයන් කෙරෙහි බලපවත්වන නමුදු එහි තීව්‍ර අවස්ථාව මැදියම් රැය යි.

යකුන්, යකිනියන්, භූතයින්, රාක්ෂසයින්, බහිරවයින් ආදී අනේක හැඩරුව ඇති, අනේක උස් මිටිකම් ඇති, අනේක අල්පේශාක්‍ය මහේශාක්‍ය බව ඇති ඒ අසුරයෝ නිදහසේ සිතුමනාපයේ ඒ ඒ තැන රාත්‍රී කාලයෙහි හැසිරෙත්. බොහෝ සෙයින් ඔවුහු චණ්ඩයහ. රෞද්‍රයහ. ඵරුෂයහ. සිල්ගුණයෙන් තොර ය. ඔවුන්ගේ ආධ්‍යාත්මය ද වියවුල් සහිත ය. පාලනයෙන් තොරව සංවේදී වේ. දුරදිග සිතීමේ හැකියාවක් නැත්තේය. සිතට ආ දෙයක් කරන කලබලකාරී වේගවත් සිතිවිලි ඇත්තේය. වහා කිපෙනසුලු ය. එකට එක කරනසුලු ය. පළිගන්නාසුලු ය. නොනැවතී පසුපසින් හඹාවිත් පහරදෙනසුලු ය. අසුරයින් සෑහීමට පත්කරවීම ලෙහෙසි කටයුත්තක් නොවේ. ඔවුන්ගේ වාසබිම් සයුරේත් ගොඩබිමෙහිත් වනාන්තරයන්හිත් කඳුහෙල්හිත් සුවිසල් ව පැතිර ඇත්තේය.

අසුරයින් හට තම තමන්ගේ කර්මානුරූපව යම් යම් අධිශක්තීන් ඇති බව සැබෑවෙකි. නා නා වෙස් ගෙන අහස් ගමනෙන් යා හැකි බොහෝ අසුරයෝ සිටිත්. මනුලොව බොහෝ මිනිස්සු ඔවුන් කෙරෙහි භක්තිභාවාවනත භය පක්ෂපාතී බවකින් යුතු වෙත්. එනමුදු දුසිල් ගුණැති අසුරයෝ රිසි සේ හැසිර සිය මනදොළ සපුරාගන්ට මාන බලති. ඔවුන් ව අදහා ඔවුන්ගේ දාසයන් සේ හැසිරෙන මිනිස්සු කොතරම් බැතිපෙමින් බර ව පුද පිදවිලි දුන් නමුත් ස්වල්ප වූ වරදෙහි ද අනුකම්පා විරහිත දඬුවම්වලට ලක්වන්නාහ.

අසුරයන්ගේ මූලික ගති ස්වභාවය වනාහී චිත්තාවේගයෙන් යුතු බවත්, කෝපයත්, රාගයත් ය. ආවේගයට පත්වූ විට ඔවුන්ට තමන්ව පාලනය කරගත නොහැකි ය.

කෝපයෙන් වියරු වැටී බොහෝ කල් ගෙවෙනා තුරු එය නොසන්සිඳේ. ඇතැම් අසුරයෝ අධික රාගයෙන් යුක්තයෝ ය. ඔවුහු ද සිය මනදොළ රිසි සේ සපුරා ගැනීමට අන්‍යයන් ගොදුරු කරගනිති. අසුර ලෝකයෙහි කර්මානුරූපව බොහෝ දුක් විඳින අසුරයෝ සිටිති. ඔවුන් බොහෝ දෙනෙකු ආශා කරනුයේ සුරා බීමටත්, රුධිර පානයටත් ය. එළුවන් කුකුළන් වැනි සතුන්ගේ රුධිරයත් මිනිස් රුධිරයත් ප්‍රිය කරන බොහෝ අසුරයෝ සිටිති. ඔවුන්ගේ කුසගින්නත් පිපාසයත් ඉතා අධික ය. කෙතරම් සුරා බීව ද, රුධිරය බීව ද ඔවුන්ගේ සා පවස් ලේසියෙන් නොසන්සිඳේ.

අසුරයින් අතර සිටියෙකු යම් හෙයකින් ඒ අසුර ලොවින් චුත ව මරණයට පත් ව මිනිසුන් අතර උපන්නේ නම්, තමාගෙන් වියෝ වූ ඤාතියා සොයා ඒම ඔවුන්ගේ සිරිත ය.

ඒ වෙනුවෙන් ඔවුහු ඔවුන්ගේ ලෝකය පාලනය කරනු ලබන වඩා බලවත් දේවතාවුන් හට බැලමෙහෙ කොට, කරුණු පවසා, යාදිනි යැද සිය ඤාතියා ළඟට ගොස් ඔහුගේ මනසට බැල්ම හෙළා ඔහු හා විසුමට වරම් අයදී. ඤාති භූතයා යක්ෂයෙක් හෝ යක්ෂණියක් හෝ බහිරවයෙක් හෝ වෙනත් නාගභූතයෙක් හෝ විය හැකි ය. එවැන්නෙකුගේ බැල්මට හසුවූ මිනිසා හැසිරිය යුත්තේ ඒ අසුරයාගේ අභිමතය පරිදි ය. එය ලෝකයෙහි හැම කල්හි පවත්නා කර්මානුරූප ස්වභාවයක් හෙයින් කිසිවෙක් කිසිවෙකු කෙරෙහි උස් පහත් කොට බලන්ට දෙයක් නැත්තේය.

ඇතැම් අසුරයන්ට පිරිවර භූතයෝ කෙළ ගණනින් සිටිත්. තම නෑ වූ මිනිසුන්ගෙන් හෝ සේවාදායක බැතිමතුන්ගෙන් හෝ පුද පිදවිලි, ගරු නම්බු, තුති පැසසුම්, වැඳුම් පිදුම් ආදිය ලබා පියවි මිනිස් ඇසට නොපෙනෙන ඔවුන්ගේ ලෝකයෙන් ද ඉහළ පිළිගැනීමකින් වසන්ට අසුරයෝ මහත් ආශාවක් දක්වති. ඒ ඔවුන්ගේ දෝෂයක් නිසා නොව කර්මානුරූපව ලද ආත්මයක පිහිටන ගති ලක්ෂණ ය. අසුර ලොවේ බලපවත්වන්නේ කිසියම් හෝ අයුරකින් සිය ආධිපත්‍යය අන් අය කෙරෙහි පතුරුවාලීම ය. ඔවුන් රිසි පරිදි එය නොවන්නේ නම් සැඩපරුෂ අයුරින් හෝ කරනු ලබයි.

මනුලොව මිනිසෙක් ඔවුන්ගෙන් උපකාරයක් ඉල්ලා ඔවුන් විසින් එය ලබාදුන් විට එය මිනිසාට අමතක වුව ද, ඔවුනට අමතක වන්නේ නැත. උපකාර ලද මිනිසා මරණයට පත්වන කල්හි ඔහු තමා ළඟට පැමිණ තමාට පෙරළා සේවය කළයුත්තේය යන්න අසුරයන්ගේ අදහස ය. ඒ වෙනුවෙන් කළයුතු යම් දෙයක් ඇද්ද, ඔවුහු එය කඩිනමින් කරති. එවන් බලපෑමකට හසුවූ මිනිසෙක් ඉදින් මරණාසන්න වන්නේ නම් මරණයේ සෙවණැල්ලත් සමග ම අසුර සෙවණැල්ලත් ඔහු මත වැටේ. මිනිසා කෙතරම් පින් කළ අයෙකු වුව ද, තමා විසින් ම කරගත් අදූරදර්ශී යම් යම් දේ හේතුවෙන් අවසන් මොහොතේ තමා මත පතිත වන අසුර සෙවණැල්ල වළකාලිය නොහැක්කේ ය. යම් කිසි දෙවියෙකුගේ උපකාරයක් මරණාසන්න මිනිසෙකුට ලැබේ නම් එය ද කලාතුරකිනි. අසුර සෙවණැල්ලෙන් වැසුණු මිනිසා මරණයට පත්වීමත් සමග ම ඕපපාතික ව උපත ලබනුයේ ඒ අසුර ලොවෙහි ය.

මියගිය මිනිසාගේ ප්‍රාණය කොහේ ගියේ දැයි දන්නා කෙනෙකු නැත්තේය. මනුලොව කරනු ලබනුයේ ප්‍රාණ රහිත දේහය නහවා, සළුපිළි හඳවා, කිසියම් දෙණක බහා, මලින් සරසා, ගරුසරු දක්වා, ගුණකථන පවත්වා, හඬා දොඩා කඳුළු සලා සොහොන දක්වා ගමන් කිරීම ය. එහෙත් මරණය යනු මෙවන් වැඩකටයුතු පෙළගැස්මෙකින් නිමාවන දෙයක් නොවේ. සැබැවින් ම මිනිසෙකුගේ පැවැත්ම ප්‍රාණ රහිත මෘතදේහයක නැත්තේය. ප්‍රාණ රහිත සිරුරට ගරු බුහුමන් කරනු ලබනුයේ චුත වූ ප්‍රාණියාටත් වඩා දිවි පවත්නවුන්ගේ වැදගත්කම රැකගනු පිණිස ය. මිනිසා පමණක් නොව ඕනෑ ම සත්වයෙක් මරණයත් සමග කර්මානුරූපව වෙනත් ලොවකට පිවිසේ.

මිනිසෙකු මියගොස් යළි මිනිසෙක් ව උපත ලැබීම ඉතාමත් කලාතුරකින් සිදුවන දෙයකි. බොහෝ විට සිදුවනුයේ මරණයට පත් මිනිසාගේ ප්‍රාණය වෙනත් ලොවකට පිවිසීම ය. එය නිරය හෝ ප්‍රේත යෝනිය හෝ තිරිසන් ලොව හෝ අසුර ආදී වෙනත් ලොවක් විය හැකිය. මළවුන් අතරට වැදුණු කල්හි ඔහුට සිදුවන්නේ කිමෙක්දැයි බොහෝ අය නොදනිති.

මරණයේ දොරටුවෙන් නාලොව යන්නෝ

12

නාගයින්ගේ ලෝකය ද අද්භූතජනක ය. බොහෝ නාගයෝ මහාසයුර ඇසුරු කොට වාසය කරත්. පොළොව ඇසුරු කොට වාසය කරන නාගයෝ ද සිටිති. නාගයින්ගේ ලෝකය අයත් වනුයේ තිරිසන් අපායට ය. නාගයින් හට ධර්මයෙහි හැසිර ධර්මාවබෝධ කිරීමෙහි කුසලතාවෙක් නැත්තේය. සර්පයන්ගේ ලෝකයේ සිටින පෙණගොබය විදහාගත් නාගයන් අප දැක ඇත්තේය. එහෙත් නාලොව යනු හුදු තුඹසෙක පදිංචි වී සිටින උරගයන්ගේ කතාවක් නම් නොවේ.

ඇතැම් නාගයන් හට සතුන්ගේත් මිනිසුන්ගේත් වෙස්ගෙන තමන් රිසි තැනෙක යා හැකි බල පිහිටා ඇත්තේය. මිනිසා කෙරෙහි ද ආනුභාවය පැතිරවීමට

එවන් නාගයින්ට පුළුවන. බොහෝ පිරිවර සහිත ව වසන බලවත් නාගයෝත් නාගිනියෝත් සිටිති.

භාග්‍යවතුන් වහන්සේගේ දෙවන වර ලක්දිව වැඩමවීම සිදුවූයේ නාගයින්ගේ කලහයක් සංසිඳුවීම පිණිස ය. ඒ නාගයින් යනු නාග ගෝත්‍රික මිනිසුන් කොටසක් නොව සත්‍ය වශයෙන් ම නාලොවට අයත් භූත පිරිසකි. නාග ආත්මය ද ආධ්‍යාත්මිකව දුබල නමුදු ඔවුන් තුළ විවිධාකාර අධිශක්තීන් ඇත්තේය. ඔවුන් සතු එක්තරා වාසනාවක් නම්, ඉදින් ඇවැසි වෙතොත් තෙරුවන් කෙරෙහි සිත පහන් කරගැනීමේ හැකියාව ය. පෙර ලක්දිව උතුරු පෙදෙසෙහි හටගත් නාග කලහයෙහිදී යුධ වදිනු වස් කැළණියේ මණිඅක්ඛික නාරජ ද මහත් නාපිරිසක් හා පැමිණියේය. භාග්‍යවතුන් වහන්සේගේ අවවාදය හේතුවෙන් ඔවුන් අතර සිදුවෙන්ට ගිය බිහිසුණු යුද්ධය සංසිඳී ගියේය. එපමණක් නොව ඔවුන් තුළ බුදුසසුන කෙරෙහි ද පහන් සිත් ඇති විය. එකල්හි මණිඅක්ඛික නාරජ කැළණියට ද වඩිනා ලෙස භාග්‍යවතුන් වහන්සේට ඇරැයුම් කළේය.

තමා විසින් කරන ලද ඇරැයුම සිහිපත් වූ නාරජ තෙමේ මිනිස් වෙස් ගෙන, පිරිවර නාගයන් ද මිනිස් වෙස් ගන්වා සැවැත් නුවර දෙව්රමට ගොස් භාග්‍යවතුන් වහන්සේ බැහැදැක ලක්දිවට වඩින මෙන් යළි ඇරැයුම් කළේය. ඇරැයුම පිළිගත් භාග්‍යවතුන් වහන්සේ පන්සියයක් රහතුන් හා ලක්දිව වැඩි සේක. කැළණියෙහිදී නාරජ දිව්‍ය වූ ඛාද්‍ය භෝජ්‍යාදිය මවා බුද්ධ ප්‍රමුඛ සඟරුවන උදෙසා දන්පැන් පිරිනැමීය. මෙයින් පැහැදිලි වනුයේ දිව්‍ය ආහාර පාන මවා මිනිසුන්ට ලබාදීමේ හැකියාවක්

නාගභූතයින්ට ඇති බව ය. ඔවුන්ගේ රූසටහන් කිසියම් ලාලිත්‍යයකින් හෙබි බව පෙනේ.

වරෙක නාලොවින් ආ නාගයෙක් මිනිස් වෙස් ගෙන භික්ෂූන් වෙතින් පැවිද්ද ඉල්ලා සිටියේය. භික්ෂූහු ඔහු නාගයෙකු බව නොදැන පැවිදි කොට උපසම්පදා කළෝය. කරුණු සහිත ව තමා මිනිසෙකු නොවූ බව හෙළි වූ කල්හි භාග්‍යවතුන් වහන්සේ ඔහුට වදාළේ නාගයින් හට ශාසන බ්‍රහ්මචරියාවෙහි හැසිරීමේ හැකියාවක් නැති බව ය. එයින් ප්‍රතිඵල නෙළාගන්ට අසමත් බව ය. ආර්යෂ්ටාංගික මාර්ගය තුළ සීල සමාධි ප්‍රඥා වශයෙන් සිය ජීවිතය දියුණු කරගත නොහැකි බව ය. එහෙයින් ශක්ති පමණින් සිල් රැක, පින් පුරා, මනුලොව උපදින්ට වෑයම් කරන මෙන් තවදුරටත් ඔවදන් දුන් සේක. භාග්‍යවතුන් වහන්සේගේ අවවාදය හිස් මුදුනින් පිළිගත් නාගයෝ ධාතු වන්දනාදිය කොට පින් ලබන්ට ආශා කළෝය. නාගභූතයන්ගේ ලෝකයෙහි ධාතු වන්දනාවත්, තෙරුවන් කෙරෙහි මියුරු ගුණ ගායනාවත් නිතර පවතී.

නාගයන් කොපමණ සැදැහැති නමුදු සැණෙකින් ඔවුන්ගේ සිත වෙනස් වේ. වහා කිපේ. දැඩි මුරණ්ඩු ගතියකින් යුතු වේ. දුර දිග නොබලයි. පසුව බොහෝ පසුතැවිල්ලට පත්වේ. යම් හෙයකින් නාගයින්හට යම් මිනිසෙකු පිළිබඳව සාංසාරික සබඳතාවෙක් හේතුවෙන් හෝ බැඳීමක් හටගත්තේ නම් එය පහසුවෙන් අත්හළ නොහැක්කේය. ඒ මිනිසා පසුපස ම මාන බලමින් සිය බලපෑමට නතුකරගැනීමට වෑයම් කරත්. සැමියා වේවා බිරිඳ වේවා දරුමුණුබුරන් වේවා ඔවුන්ව ම සොය සොයා ඔවුන් සමග දිගටම දිවිගෙවනු පිණිස එකිනෙකා

පසුපස වැටෙමින් සිටිති. ස්වභාවයෙන් ම උත්සන්න වූ රාගයෙන් යුතු නාගයින් ඒ හේතුවෙන් බොහෝ දුක් විඳිති. නාගයින්ගේ අනික් ගතිය නම් මායාව ය. ඇති තතු සඟවා, තමා අදහස් කරන දේ පිටතට නොපෙන්වා, චාටුබස් දෙඩීමට ඔවුහු ඉතා දක්ෂයහ. නාගයෝ වංක ගතියෙන් යුතු, ඇත්ත සඟවන සත්වයෝ ය. එකක් කියා අනිකක් කරත්. එමෙන්ම තමා හුවාදක්වමින් අනුන් හෙළාදකින්ට ද නාගයන් ඉතා කැමති ය. එසේ ම ලාභ සත්කාර, කීර්ති ප්‍රශංසා උපදවා වැජඹෙන්ට ද ඉතා කැමති ය. ඔවුන්ගේ මේ දෙබිඩි ගතිගුණ නිසා බොහෝ කල් නාලොවෙහි ම මැරි මැරී උපදිත්.

නාගයින් හට නොයෙක් වෙස් ගෙන හැසිරිය හැකි නිසාවෙන් ඔවුහු විටෙක ආනුභාවසම්පන්න දෙවියන්ගේ ව්‍යාජයෙන් මිනිසුන්ගේ ළඟින් පෙනී සිට ඔවුන් හා සහජීවනයෙන් වැඩකරන්ට එකතු වෙත්. මිනිසුන් ද නොදැනී ම ඔවුන්ගේ අදහසට අවනත වේ. මරණයට පත්වන මිනිසෙකුගේ ඊළඟ උපතෙහි දොරටුව විවර වූ කල්හි එය නාලොව විය හැක්කේය. තම තමන් පෙම් බැඳගත් සත්වයන් සිය වසඟයට ගෙන මරණින් මතු තමන්ගේ ලෝකයට ගැනීම නාගයින් දකින්නේ යහපත් කටයුත්තක් ලෙස ය. එයින් මිනිසාට වන්නේ කිනම් අනතුරෙක් දැයි ඔවුහු නොදනිත්. ස්වකීය අධිශක්තීන්ගේ බලයෙන් කෙතරම් සොඳුරු වටපිටාවක් මවාගෙන විසුව ද, කර්මානුරූපව ඔවුන්ගේ දිවි පැවැත්ම ඉතා අසරණ ය. කවර බොජුනක් වුව ද අනුභව කරන මොහොතේ මැඩියෙකුගේ හැඩය ගනී. නාගයින්ගේ ප්‍රණීත ම ආහාරය මැඩියන් අනුභව කිරීම ය.

මනුලොව මිනිසෙකුගේ දිවිසැරිය නිමවා මරණයේ සෙවණැල්ලට යට වූ කල්හි ඔහුට විවර වනුයේ නාලොව දොරටුව නම්, මෙකල නාලොව දොරටුව විවර කරගනිමින් එහි උපදින මිනිස්සු බොහෝ ය. නාගයින්ගේ ගතිගුණ බොහෝ මිනිසුන් තුළ ඇත්තේය. ඒ මිනිස්සු නොයෙක් මායා දක්වත්. දෙබිඩි බස් පවසත්. ඉතා වංක ය. තමා හුවා දක්වමින් අනුන් හෙළාදකිති. නොසංසිඳෙන කාමයෙන් පීඩිත ව සිටිති. සුළු දෙයටත් කණස්සලු වී තැවි තැවී සිටිති. තමා විසින් කරන ලද යහපත් දේ සිතට නොනැගේ. සිතට නැගුණ ද සතුටක් නූපදී. කිසියම් පසුතැවිල්ලෙක අරමුණකින් ම සිත වෙළී පවතී. නාලොව උපදිනුයේ මෙවන් ගතිගුණ ඇති මිනිසුන් ය. මනුලොව යහනෙක සැතපී, නෑසියන්ගේ පුදසැලකිළි ලබමින් සිට, නෙත් පියා අවසන් සුසුම්පොද පිටකොට මරණයට පත්වන මිනිසා නවතිනුයේ ඕපපාතික ව උපත ලබන භූත නාගයන්ගේ ලොවෙක නම්, ඔහු ලදුයේ යහපත් මරණයකි යි කෙසේ නම් කිව හැකි ද! නාලොව සත්වයෝ බොහෝ විට යළි යළිත් මැරි මැරී උපදිනුයේ එහි ම ය.

මරණයේ දොරටුවෙන් දෙව්ලොව යන්නෝ

13

මනුලොව උපන් මිනිසාගේ උපත එක්තරා සුවිශේෂී බවෙකින් යුතු ය. එනම් හොඳ නරක, යහපත අයහපත, පින් පව්, ධර්මය අධර්මය තෝරා බේරාගැනීම පිණිස මිනිසා තුළ ඇති හැකියාව ය. සියලු මිනිසුන් තුළ මේ හැකියාව නැතත් ඉතා ස්වල්ප දෙනෙකු තුළ හෝ පිහිටා ඇත්තේය. ඒ ස්වල්ප මිනිසුන් හට සැබෑ කල්‍යාණමිත්‍රයන්ගේ ඇසුරෙන් භාග්‍යවතුන් වහන්සේගේ ධර්මය පැහැදිලි ව අසන්ට ලැබුණහොත්, එහි අරුත් පැහැදිලි ව වටහාගන්ට ලැබුණහොත් ධර්මයෙහි සඳහන් ගුණධර්මයන් සිතට ළංකරගැනීමට ඔවුන්ට පිළිවන්කම ඇතිවන්නේය.

ධර්මය සිතට ළංකරගත් මිනිසාගේ ළඟ ම හිතවතා තමාට ළං වූ ධර්මය ම ය. ධර්මයෙන් පළමු ව අවදි කරදෙන්නේ තමාගේ ම හෘදසාක්ෂිය ය. ලෝසත

බොහෝ දුක්ඛිත උපත් කරා යනුයේ හෘදසාක්ෂිය තමා සමග නොසිටීම නිසා ය. යම් හෙයකින් තමා හා සිය හෘදසාක්ෂිය සිටින කල්හි තමාගේ අඩුපාඩු තමාට ම පෙන්වා දේ. 'බලව... තා අතින් මෙබඳු වරදෙක් සිදු වූයේය. මෙවන් දුබලතා සිදුවූයේය. බලව... තවමත් තට නිවැරදි වෙන්ට බැරි විය. කල්පනාකාරී වව. භවත, තා නොනැසෙව. දුලබ ව ලද මිනිසත් බව නසා නොගනුව. මේ උත්තම ධර්මය අසා ළයෙහි දරාගත් තා වැන්නෙකුට මෙය ලජ්ජායෙක් නොවේ ද? සත්වයෙකුට මරණින් මතු උපදින්ට බොහෝ තැන් ඇති බව තා නොදන්නෙහි ද? තට රිසි තැන උපදින්ට නිසි ආනුභාවයක් තාගේ සිතෙහි ඇත්තේ ද? තට භයක් නැද්ද? තා සියල්ල අත්හැර පරලොව යන කල්හි තා සමග සිටිනුයේ කවරෙක් ද? තා රැස්කරන්නා වූ දේ නොවේ ද?' යි ලජ්ජාවත්, භයත් උපදවා දෙනුයේ ධර්මය හා එක් වූ අවංක හෘදසාක්ෂිය විසිනි.

වඩුවෙකු බොහෝ වෙහෙස ගෙන ලීයක ඇදකුද හරින ලෙසින් තමාට අහිත පිණිස, දුක් පිණිස පවතින දුබලතා හඳුනාගැනීමට ඔහු සමත් වේ. එමෙන්ම ටිකෙන් ටික ඒ දුබලතා අත්හරිමින් යහගුණදම් වඩාගැනීමෙහිලා වෙහෙසේ. අවංක බව, නීතිගරුක බව, ලාභාපේක්ෂාවෙන් තොර බව, සත්‍යවාදී බව, හොර බොරු වංචා නැති බව, කපටි නැති බව, ගුණවතාගේ ගුණ දක්නා බව, කෙළෙහිගුණ දන්නා බව, මායා නැති බව, ඉවසන බව, මෙත් සිත් වඩන බව, දානයෙහි ඇලුණු බව, පිදිය යුතු උතුමන් පුදන බව, නින්දා කරන්නහුට පෙරළා නින්දා නොකරන බව, පලිගන්නවුන්ගෙන් පෙරළා පලි

නොගන්නා බව, වංචා කළහුට පෙරළා වංචා නොකරන බව, යටිකුට්ටු රහස් වැඩ නැති බව, තමාගේත් අන්‍යයන්ගේත් යහපත කැමති බව යනාදී ගුණදම් වඩාගැනීමට වෙහෙසේ. භාග්‍යවතුන් වහන්සේගේ ගුණ මෙනෙහි කිරීමත්, ශ්‍රාවක සඟරුවනේ ගුණ මෙනෙහි කිරීමත්, සත්පුරුෂ කලණ මිතුරන් ඇසුරෙන් වෙන් නොවී සිටීමත් ආදී ගුණදම් ඒ ස්වල්ප වූ මිනිස්සු ආශාවෙන් වැළඳගනිති.

සිය දිවිය තුළ එවන් ගුණදම් රඳවා ගැනීමෙහි සමත් වූ මිනිසාට ද කොයි මොහොතේ කොතැනක හෝ අවසන් මොහොත ළං වෙයි. මරණයේ සෙවණැල්ල වැටේ. ඒ සමග ම ඔහුට දෙවියන්ගේ රැකවල් ලැබේ. රැස්කළ පින සෙවණැල්ලක් සෙයින් තමා අසළ සිටී. අවට ආලෝකවත් වේ. බිය තැතිගැනීම් නැති වේ. මරණයේ වේදනාව මැඩ, සිත සැපයෙන් පිනා යයි. ඔහුගේ මරණය මෙහි සිදුවන විට ඉතා සැනසිලිදායක දොරටුවක් විවර වේ. නිදා පිබිදියෙකු සෙයින් ඕපපාතිකව දෙව්ලොව උපත ලබයි.

එකල්හි දෙවියෝ ඔහු කරා අවුත් ආසිරි බස් තෙපලත්. 'භවත, තා පැමිණියේ මනුලොව සිට ය. බලව මනුලොව දෙස... මෙකල මනුලොව පිරිහී යන යුගයට අයත් වේ. එහි මිනිස්සු හුදෙක් ආත්මලාභය තකා ඉබාගාතේ යමින් ආවේගවත් ව, පින් රැස්කිරීමක් ගැන නොතකා බොහෝ පව් රැස්කරත්. එහි බොහෝ මිනිස්සු අමනුෂ්‍යයන් විසින් ග්‍රහණය කරනු ලැබ අමනුෂ්‍යයන්ගේ ම දාස බවට පත්ව හීන දීන ව වසනා අයුරු බලව. දැන් තා එයින් බේරී පැමිණි අයෙකි. කලණ මිතුරු ඇසුරෙන්

දහමේ හැසිරෙන්ට උත්සුක වුව මැනව' යි මෙසේ දැනමුතුකම් දෙති.

බුද්ධ කාලයේ මෙන් මෙකල දෙවිවරු දෙව්ලොවින් චුතවීමට ආසන්න දෙවියන් හට මනුලොව නමැති සුගතියෙහි උපදිව් කියා යොමු කරවන්නේ නැත. දෙව්ලොව දෙවියන් හට වත්මන් මනුලොවෙහි ඇති සැබෑ තතු යසරඟට පෙනේ. ඉදින් මරණින් මතු යමෙක් චාතුම්මහාරාජික දෙව්ලොවෙහි හෝ ඉන් එපිට ඇති තව්තිසාව, යාමය, තුසිත ආදී දෙව්ලොවෙක උපදින්ට භාග්‍යයක් ලදහොත් කිසියම් කලෙකට නමුත් එහි සුරක්ෂිත බවෙක් ඇත්තේය. ඔහු තුළ ධර්මාවබෝධයට නිසි ගුණධර්මයන් වැඩී තිබුණේ නම් අවබෝධයක් ලබන්නේ ම ය. එවන් ලොවක් කරා යන මිනිසෙකුගේ මරණය මෙකල හැටියට එක්තරා දිනුමෙකි.

මරණයට අභියෝග කළ හැකි ද?

14

නොමැරෙන දිවියක් අත්පත් කරගැනීමට සිය ආගමේ උගන්වා ඇතැයි විශ්වාසයන්හි එල්බගත් බොහෝ අය ලොවෙහි කවදත් සිටියෝය. එයිනුත් ඉන්දීය ජනයා තරම් මරණයෙන් නිදහස් වීම පිණිස ඉතා වෙහෙසකර තපස් චර්යාවන්හි නියැලුණු වෙනත් මිනිස් වර්ගයක් ලොවෙහි නැත්තේය. බොහෝ කල් සිට ඔවුහු සිය අඹුදරු, නෑසියන් අතැර, කම්සුව අතැර, හිමවතට පිවිස කයෝර දිවිපෙවෙතක් ගෙවමින් සිත දමනය කොට මරණයෙන් නිදහස් වනු පිණිස බොහෝ වෙහෙස ගත්තෝය. ඒ සඳහා වචනයෙන් කිව නොහැකි තරම් කටුක තපස්චර්යාවන්හි යෙදුණෝය. කායික ව දැනෙන සරාගී හැඟීම් තියුණු ලෙස මඩිමින්, කටුක මැසි මදුරු පහස ඉවසමින්, ඉතා දුකසේ මරණයට අභියෝග කරන්ට

වෙහෙසුණෝය. බොහෝ වීර්යය කොට ධ්‍යාන උපදවා ගැනීමට ස්වල්ප දෙනෙක් සමත් වූවෝය.

සිත ධ්‍යානයෙහි පවත්නා කල්හි කාමයන්ගෙන් වෙන්ව පවතින හෙයින් නිරාමිෂ සුඛාස්වාදයෙන් යුතු ආනන්දයක් එහි ඇත්තේය. ඒ ඍෂිවරුන් සිතුවේ එය තමාගේ වසඟයට පත්, තම රුචිය අනුව පවත්නා, තිරසර, නොවෙනස් ආත්මයකි කියා ය. ධ්‍යානයෙහි බොහෝ වේලා සිත රඳවාගන්ට පුරුදු කළ ඔවුන්ගේ ඒකායන පැතුම වූයේ බඹලොවෙක සදාකාලික සැපයෙහි රැඳී සිටීමට ය. රූප ධ්‍යානයන් මෙන්ම හුදෙක් මනෝමය වශයෙන් දියුණු කරනු ලබන අරූප ධ්‍යානයන් ද උපදවා ගැනීමට අතිශයෙන් ම ස්වල්ප වූ කිහිප දෙනෙක් සමත් වූවෝය. අන් සියල්ලන්ගේ වෙහෙස ව්‍යර්ථ වූයේය.

ධ්‍යාන ලද ඔවුන් කිහිප දෙනා මරණය පැමිණි විට තමා මෙතෙක් කල් වෙහෙසී උපදවාගත් ධ්‍යානය තුළ ම සිත රඳවා ගත්තෝය. මරණය විසින් ඔවුන්ට සිය සිත රැඳවූ ලොවෙහි දොරටු විවර කරන ලද්දේය. ඔවුහු බඹලොව උපන්නෝය. බොහෝ කල් බඹලොව විසූවෝය. එහෙත් උපන් සත්වයෙකුගේ ආයුෂත්, වර්ණයත්, බලයත් යනාදී සියල්ල ක්‍රමයෙන් ක්ෂය වී යන වග ඔවුන් දැන නොසිටියේය. සියලු සත්වයන්ගේ දිවි මරණයෙන් අවසන් වන වග ඔවුන් දැන නොසිටියේය. ඔවුන්ගේ ආයුෂ ඔවුන් නොදැනී ම ගෙවී ගියේය. බඹලොවදීත් මරණයේ සෙවණැල්ල කල්යල් බලා ඔවුන් මත පතිත විය. එවිට තමාගේ වසඟයට ගත හැකි ආත්මයක් තමා සතුව නොතිබුණේය. වෙනත් පෙර අත්බවෙක කරන ලද කර්මයක විපාක පෙරට අවුත් ඔවුන් වෙනත් වෙනත්

ලෝකවල සීසීකඩ විසුරුවා දැමීය. ඒ චුතවන සත්වයා නිරයෙහි හෝ උපදී. තිරිසන් ලොව හෝ උපදී. ප්‍රේත ආදී වෙනත් දුක්ඛිත ලොවෙක හෝ උපදී. මනුලොව හෝ උපදී. මරණයට අභියෝග කරන්ට ගත් වෑයම ව්‍යර්ථ ව ගියේය.

ඇතැම් තපස්වීහු මෙසේ සිතුවෝය. 'මේ දුක්ඛිත පැවැත්ම තිබෙනුයේ සිතෙහි නැගෙන අරමුණු ඇසුරුකොට ය. සංඥාව ඇසුරු කොට ය. ඉදින් මේ අරමුණු නොදැනී සංඥා රහිත බවට පත්වන්නේ නම් එබඳු ආකාරයකට මේ සිත පත්කරගත යුත්තේය' යි දැඩි ලෙස උත්සාහ ගෙන ගැඹුරු නින්දකට බැසගත් අවස්ථාවක සෙයින් කිසි අරමුණක්, කිසි සංඥාවක් නොදැන සිත පවත්වන්ට දක්ෂ වූවෝය. මරණින් මතු කිසිවක් නොදැනෙන සංඥා රහිත ලොවෙක සදාකාලික ව වුසුව හැකි යැයි ඔවුන්ගේ අදහස විය. ඒ අසංඥ ලෝකය මරණයට හසු නොවේ යැයි ඔවුහු සිතුවෝය. එයින් තුටුපහටු වූවෝය. ඔවුන් කරා මරණය පැමිණියේය. සංඥා රහිත බවට සිත පත්විය. කිසිවක් නොදැනුණේය. ගැඹුරු නින්දක කිමිද ගියේය. අසංඥ ලෝකයෙහි උපදිනු පිණිස දොර හැරුණේය. තමා දැන සිටිය ද නොදැන සිටිය ද ගැඹුරු නින්දෙක කිමිද සිටිය ද යම් තැනක පැවැත්මක් තිබෙන්නේ නම් එතැන ඇත්තේ උපතක් ම ය. ඉපදීම යම් තැනක ඇත්තේ නම්, එතැන මරණය ද ඇත්තේය. බොහෝ කල් ගත වූ පසු ඒ අසංඥ ලෝකයෙහි උපන් තැනැත්තාගේ ආයුෂ ගෙවී ගියේය. ගැඹුරු නින්දෙහි කිමිද සිටි ඔහුට අවදි වෙන්ට සිදුවිය. තමා පිළිබඳව දැනගන්නා විට වෙනත් ලොවෙක ඉපිද

සිටියේය. මරණයට අභියෝග කරන්ට ඒ කිසිවෙකුටත් බැරි විය.

මේ සියලු කරුණු කාරණාවලින් එක් දෙයක් පැහැදිලි වේ. උපතත් මරණයත් අතර වෙන් කළ නොහැකි කිසියම් බන්ධනයක් ඇති බව ය. ඒ බන්ධනය කිමැයි කිසිසේත් හඳුනාගත නොහැකි බව ය. කිසියම් ආඥාදායකයෙකුගේ මෙහෙයවීමක් බඳු ව තමා තුළ යළි යළිත් උපත කරාත් මරණය කරාත් ගෙන යන යම් වැඩපිළිවෙළක් ඇති බව ය.

මරණය දිනුවෝ! කවරහු ද?

15

මරණය පරාජයට පත්කිරීම ලෙහෙසි නැත. යමෙක් මරණය පරාජය කොට දිනුම ලබන්නේ නම් ඔහු ලොව දිනූ පුද්ගලයා ය. ඔහුගේ දිනුම ස්ථිරසාර, නොවෙනස්, අනභිභවනීය දිනුමෙකි. ඔහු පමණක් මරණය පිටුපස මහා තිරයට එපිටින් ඇති සියලු දේ අස්සක් මුල්ලක් නැර පැහැදිලි ව දකින්ට සමත් වේ. ඔහුගේ අවබෝධයට මුවා ව සැඟවිය හැකි කිසිවෙක් හෝ කිසිවක් ලොව නැත්තේය. මරණය දිනාගත් ඔහුට යළි බලපෑම් කොට මරණය වෙත රැගෙන යෑමෙහි ආනුභාවයක් ලොවෙහි කිසිවෙකුටත් නැත්තේය. සැබෑ ම ජයග්‍රාහකයා ඔහු ය.

ඉපදෙන මැරෙන මේ ලෝකයෙහි එසේ මරණය දිනූ කෙනෙක් සිටියහ. ඒ ලොව දිනූ භාග්‍යවතුන් වහන්සේ ය. උන්වහන්සේ මරණය දිනූ සේක. උපතත් මරණයත්

අතර පටලැවී, අද්භූත වෙළුම්වලින් වෙළී ගැටගැසී ගිය, මේ අපැහැදිලි ජීවිතය සීරුවෙන් ලිහාගත් සේක. උපතටත් මරණයටත් පත්වන සත්වයාගේ අදිසි හස්තයන් මැනවින් සොයාගත් සේක. එනම් කර්මය විසින් සකසනු ලබන විපාකත්, එයට පාදක වූ අවිද්‍යාව හා තණ්හාවත් ය. අවිද්‍යාව නමැති මහා අඳුරෙන් සියල්ල වසාලයි. තණ්හාව නමැති මහා බන්ධනයෙන් ආශා කළ දෙයෙහි පැටලී වෙළී යයි. එවිට ඔහුගේ දිවිය අවිද්‍යාවෙන් වැසී ඇත්තේය. තණ්හාවෙන් බැඳී ඇත්තේය. කර්මයෙන් සිර වී ඇත්තේය. එවැන්නෙකුට යළි යළි උපතත් මරණයත් හැර අන් කුමක් ලබන්ට ද!

භාග්‍යවතුන් වහන්සේ ඒ අවිඳු අඳුර නසා ආලෝකය උපදවා ගන්ටත්, තණ්හාවේ අදිසි යදම් සිඳ බිඳ එයින් නිදහස් වෙන්ටත්, කර්මයේ සියලු බලපුළුවන්කාරකම් බිඳ දමන්ටත් සමත් වූ සේක. ඉපදෙන මැරෙන දුක්බිත ඉරණමෙහි තවදුරටත් සිරවෙන්ට සිදුනොවුණේය. උන්වහන්සේ එයින් පිටතට පැනගත් සේක. ජීවිතයේ අස්සක් මුල්ලක් නැර කිඳාබැස තිබූ සියලු කිළිටි සෝදා මුළුමනින් ම පවිත්‍ර වෙන්ට පුළුවන්කම ලැබුණේය. එවැනි සුදෝසුදක් ලොවෙහි වෙන කොහි ද! ඒ සියල්ල කරගනු ලැබුවේ තමන් වහන්සේ විසින් ම විමසා බලා සොයා ගන්නා ලද අංග අටකින් යුතු ශ්‍රේෂ්ඨ ප්‍රතිපදාව නම් වූ ආර්ය අෂ්ටාංගික මාර්ගය මනාව ප්‍රගුණ කරගැනීම නිසා ය.

භාග්‍යවතුන් වහන්සේ එතැනින් නොනැවතුණු සේක. උපත හා මරණයට පටලැවී සිරවී අනේක ආත්මයන්හි රඳවමින් අනන්ත දුක් කම්කටොලු ලැබදෙන

මේ ජීවිත රටාවෙන් නිදහස් වීමේ අද්භූත අත්දැකීම ලෝසත ඉදිරියේ හෙළි පෙහෙලි කරදුන් සේක. එය වටහාගැනීමට දක්ෂ වූවෝ උපත හා මරණයෙන් පිටතට පැනගත්තාහුය.

පුද්ගයෙකුට වෙනත් ලොවක උපදිනු පිණිස මරණය විසින් දොර හැර දෙන නමුත් ඔහු සමග මෙලොව ගතකළ අය ඔහුගේ වියෝව හේතුවෙන් බොහෝ දුක් විඳිත්. ප්‍රිය විප්‍රයෝගයෙනුත්, අප්‍රිය සම්ප්‍රයෝගයෙනුත් පහස්නා ලද ඔවුහු හෙළනා කඳුලු මෙපමණකි යි කිව නොහැකි ය. ජීවිතය හමුවන වාරයක් පාසා මරණය ද හමුවේ. මැරෙන වාරයක් පාසා බොහෝ දුක් දොම්නස් විඳින්ට සිදුවේ. එය කෙතරම් සුවිශාල දැයි වටහාගැනීමට භාග්‍යවතුන් වහන්සේ වදාළේ මෙකරුණ ය.

'මහණෙනි, ඉපිද ඉපිද මැරි මැරී යන්ට පටන් ගත් මේ දුක්ඛිත ජීවන රටාව කවදා කොතැනෙක කෙසේ පටන්ගත් දෙයක් දැයි එහි මුලක් සෙවීම නම් කිසිසේත් නොදැක්ක හැකි දෙයකි. එහි මුල නොපෙනේ. ඒ තරම් ම කාලයක් ගෙවී ඇත්තේය. අවිද්‍යාවෙන් සැබෑ තතු වැසීගොස් තණ්හාවෙන් බැඳීගොස් යළි යළි ඉපිද මැරී යන මේ ගමන් මගේ ආ දුර සුළුපටු නොවේ. කල්ප කෝටි ගණනකිනුත් කිව නොහැකි තරම් අතීතයක් සියලු සතුන්ගේ ජීවිත කතාවෙහි ඇත්තේය. මේ සා අති දීර්ඝ කාලයක් විඳින ලද්දේ සුළුපටු දුකක් නම් නොවේ.

මහණෙනි, මේ ගැන කිමෙක් සිතව් ද? ඉතාමත් වැඩි කිමෙක් ද? මේ සා මහා දීර්ඝ කාලයක් පුරා ගෙවී ගිය ඈත අතීතයක ඒ ඒ අත්බැව්හි අප්‍රියයන් හා එක්වීම නිසාත්, ප්‍රියයන්ගෙන් වෙන්වීම නිසාත් හඬා වැලපීමෙන්

තොප නෙතින් වැගිරගිය කඳුළු ද වැඩි? නැතහොත් සිව් මහාසමුදුරෙහි ජලය ද?'

'ස්වාමීනී, භාග්‍යවතුන් වහන්සේ වදාළ දහම තුළින් ජීවිතය දෙස බැලිය යුතු දැක්මෙන් බලන කල්හි අප ද වටහාගෙන සිටිනුයේ මෙලෙස ය. මේ සා මහත් දීර්ඝ කාලයක් පුරා ගෙවුනු මහත් අතීතයේ, ඒ ඒ අත්බැව්හි අප්‍රියයන් හා එක්වීමෙනුත්, ප්‍රියයන්ගෙන් වෙන්වීමෙනුත් දරාගත් නොහැකි සෝදුකින් හඬා වැලැපෙන කල්හි අප නෙතින් වැගිර ගිය කඳුළු ම බොහෝ ය. සිව් මහසමුදුරෙහි ජලය එතරම් නැත්තේය.'

'මැනවි, මැනවි මහණෙනි, සැබැවින් ම එය එසේ ම ය. මා දෙසූ දහමින් දිවියේ සැබෑ තතු දෙස තොප බැලූ අයුරු මැනවි. තොප විසින් මේ සා මහත් දිගු කලක් මුළුල්ලේ ගෙවී ගිය සුවිසල් අතීතයෙහි ඒ ඒ අත්බැව්හි අප්‍රියයන් හා එක්වීමෙනුත් ප්‍රියයන්ගෙන් වෙන්වීමෙනුත් දරාගත් නොහැකි සෝදුකින් වැලපුණු තොප නෙතින් වැගිර ගිය කඳුළු බොහෝ ය. සිව් මහා සමුදුරෙහි යම් ජලයක් ඇද්ද, එහි එතරම් නැත්තේය.

මහණෙනි, මේ සා දිගු අතීතයේ ඒ ඒ අත්බැව්හි තොප මවගේ මරණයට පත්වීම හේතුවෙන් අකැමති දෙය තොප හා එක්විය. කැමති දේ තොපගෙන් වෙන් විය. එකල්හි සෝක දුකින් පහස්නා ලදුව වැලපෙන තොප නෙතින් වගුළ කඳුළු ම බොහෝ ය. සිව් මහසමුදුරු ජලය එතරම් නැත්තේය.

තොපගේ හෙළූ කඳුළු පිළිබඳ කතාව එපමණකින් නිමා නොවේ. ඒ ඒ අත්බැව්හි තොප පියාගේ මරණයෙනුත්,

තොප සොයුරු සොයුරියන්ගේ මරණයෙනුත්, තොප අඹුදරුවන්ගේ මරණයෙනුත්, නෑසියන්ගේ මරණයෙනුත්, තොප සතුව තිබූ උපභෝග පරිභෝග වස්තූන් නැසීයාමෙනුත්, බිහිසුණු රෝදුක්වලට බඳුන් වීමෙනුත් අකැමති දෙය ම තොප හා එක්විය. කැමති දෙය ම තොපගෙන් වෙන් විය. එකල්හි දරාගත නොහැකි සෝදුකින් පහර කන ලදුව තොප නෙතින් වගුළ කඳුළු ම ඉතා බොහෝ ය. සිව් මහසමුදුරෙහි ජලය එතරම් නැත්තේය. එහෙයින් මහණෙනි, මෙසේ ඉපිද ඉපිද මැරි මැරී යන දුක්ඛිත ජීවන රටාවට මෙසේ තොප ගොදුරු වී සිටීම ගැන කළකිරිය යුතු නොවේ ද? නොඇලිය යුතු නොවේ ද? මේ දුක්ඛිත ඉරණමෙන් නිදහස් විය යුතු නොවේ ද?'

වරක් භාග්‍යවතුන් වහන්සේ උපමාවෙකින් ඉපදෙන මැරෙන කතාව පැහැදිලි කළ සේක. 'මහණෙනි, ලී දණ්ඩක් අහසෙහි උඩට වේගයෙන් දැමූ විට වරෙක මුලින් වැටේ. තව වරෙක මැදින් වැටේ. යළි අගින් වැටේ. එක ම ආකාරයෙන් එක ම රටාවට නොවැටේ. මහණෙනි, මේ සත්වයාට සිදුවූයේ ද මෙබඳු ම දෙයකි. අවිද්‍යාවෙන් වැසී තණ්හාවෙන් ගැටගැසී කර්ම විපාකයට හසුවී වරෙක මැරී වෙනත් ලොවෙක යයි. එතැනින් මැරී තව ලොවකට යයි. එතැනින් මැරී තවත් ලොවකට යයි. එතැනින් මැරී යළි මෙලොව එයි. යළි මෙලොවින් වෙනත් ලොවෙක යයි. ඉමක් කොණක් නොමැතිව හිස හැරුණු අත ඉබාගාතේ යන ලෙසින් මෙසේ ඉපදෙන්ටත් මැරෙන්ටත් සිදුවූයේ මක් නිසා ද? මේ සා මහත් අතීතයේ දිගු කලක සිට අවිද්‍යාවෙන් වැසී තණ්හාවෙන් ගැටගැසී කර්ම විපාකයට

සිරවෙන්ට සිදුවූ නිසා ය. මේ දුක්ඛිත සිදුවීම් රටාවට තොප ගොදුරු ව සිටීම ගැන කළකිරිය යුතු නොවේ ද? නොඇලිය යුතු නොවේ ද? මෙයින් නිදහස් විය යුතු නොවේ ද?

මරණයේ දිනපොත තවදුරටත් සටහන් කරගන්නේ නම් එය පිරී යන්නේ මේ අයුරිනි. වරක් භාග්‍යවතුන් වහන්සේ වදාළේ මෙසේ ය. 'මහණෙනි, මේ සා අති දීර්ඝ කාලයක ගෙවී ගිය මහත් අතීතයේ එක් කල්පයකදී එක් පුද්ගලයෙකු මැරි මැරී යන වාර ගණන දෙස බලන්නේ නම් ඒ මෙසේ ය. ඔහු උපන් වාර ගණනේදී ඒ කල්පය පුරා මරණයට පත්වන වාරයක් පාසා අත්හළ ඇටසැකිළි ගොඩගැසුවේ නම්, එසේ ගොඩගසන ලද ඇටසැකිළි නොදිරා ගියේ නම්, මේ සා විශාල වූ විපුලගිරි පර්වතය තරම් උඩට ගොඩගැසෙන්නේය. එසේ වූයේ මන්ද? මහණෙනි, සත්වයා නැවත නැවතත් ඉපදෙමින් මැරෙමින් මේ සා දීර්ඝ කාලයක් මේ දුක්ඛිත ඉරණමට හසුව සිරවී සිටීම නිසා ය.' මෙසේ ඉපදෙමින් මැරෙමින් නොනවත්වා මුහුණ දෙන මේ සිදුවීම් රටාව පිළිබඳව වඩාත් වටහාගත හැකි තව කරුණක් භාග්‍යවතුන් වහන්සේ පෙන්වා දුන් සේක.

දුර ඈත සෙනසුනෙක වුසූ තිහක් පමණ භික්ෂු පිරිසක් භාග්‍යවතුන් වහන්සේ බැහැදැක වන්දනා කරගනු පිණිස රජගහ නුවර වේළුවනයට පැමිණියෝය.

ඒ භික්ෂූන් දෙස බැලූ භාග්‍යවතුන් වහන්සේ තුළ මේ අදහස ඇති විය. 'පාවා නුවරවැසි මේ තිස්නමක් පමණ වූ භික්ෂූහු හැමදෙන අරණ්‍යවාසීහු ය. ගෙපිළිවෙළින්

පිඬුසිඟා පමණක් දන් වළඳන්නෝ ය. පාංශුකූල සිවුරු පමණක් දරන්නෝ ය. එහෙත් තවමත් මේ භික්ෂූන්ගේ සිත් ඉපදෙන මැරෙන ලෝකයට ගැටගැසී ඇත්තේය. මේ හිඳින තැනදී ම ඒ සියලු ක්ලේශ බන්ධනයන්ගෙන් මේ භික්ෂූන්ගේ සිත් නිදහස් වන අයුරෙන් දහමක් දෙසුව මනා ය.' මෙසේ සිතූ භාග්‍යවතුන් වහන්සේ මෙය වදාළ සේක.

'මහණෙනි, මේ සා අති දීර්ඝ කාලයක් මහත් අතීතයක් පුරා ගෙවීගිය අනන්ත කාලයෙහි ඉපදෙමින් මැරෙමින් තොප මෙතෙක් පැමිණි ජීවන රටාවේ මූලාරම්භයක් දැක්ක නොහැක්කේය. එහි අක්මුල් නොපෙනේ. මේ රටාවට හසු වූ සත්වයෝ අවිද්‍යාවෙන් මුළා ව තණ්හාවෙන් ගැටගැසී කර්මයට දාස ව සිටිති. තොපට සිදුවූයේත් එය ම ය. මහණෙනි, ඒ කිමැයි හඟිව් ද? මේ සා අතිදීර්ඝ කාලයක් පුරා ඉපදෙමින් මැරෙමින් යන ඉරණමට හසුවූ තොපගේ ගෙල සිඳ මරණයට පත්වීමෙන් ගැලූ යම් රුධිරයක් ඇද්ද, සිව් මහසමුදුරෙහි යම් ජලයක් ඇද්ද, ඉතා වැඩි කුමක්ද?'

'ස්වාමීනී, භාග්‍යවතුන් වහන්සේ විසින් වදාරන ලද දහමෙන් අපගේ ඇස් ඇරුණේය. අපි ද එය මෙසේ වටහාගෙන සිටිමු. ස්වාමීනී, මේ සා අති දීර්ඝ කාලයක මහත් වූ අතීතයක ඒ ඒ තැන උපන් වාරයන්හි අපගේ ගෙල සිඳින ලදුව මරණයට පත්වීමේදී ගලාගිය යම් රුධිරයක් ඇද්ද, එය ම ය වැඩි. සිව් මහසමුදුරු ජලය නොවේ.'

'මැනවි, මැනවි මහණෙනි, මා විසින් ජීවිතයත් මරණයත් දෙස බැලිය යුතු ආකාරය ගැන දෙසූ දහම

තොප දැන සිටිනා අයුරු මැනවි. මහණෙනි, මේ සා මහත් දිගු කලෙක, ගෙවීගිය මහා අතීතයෙහි ඒ ඒ තැන උපන් වාරයන්හි තොපගේ ගෙල සිඳින ලදුව මරණයට පත්වීමේදී ගලාගිය යම් රුධිරයක් ඇද්ද, එය ම ය වැඩි. සිව් මහසමුදුරු ජලය නොවේ.

මහණෙනි, මේ සා දිගු කලෙක, ගෙවී ගිය මහ අතීතයෙක තොප ගවයන් ව උපන් කල තොපගේ ගෙල සිඳින ලදුව මැරීයාමේදී ගලාගිය රුධිරය... තොප මීගවයන් ව උපන් කල... තොප එළුවන් ව උපන් කල... තොප බැටළුවන් ව උපන් කල... තොප මුවන් ව උපන් කල... තොප ඌරන් ව උපන් කල... තොප කුකුළන් ව උපන් කල... තොප නේක සතුන් ව උපන් කල... තොප මනුලොව ඉපිද ගම් පහරන සොරුන් ව සිටි කල දඬුවම් ලැබ... තොප මනුලොව ඉපිද පර අඹුවන් කරා ගොස් හසුවී දඬුවම් ලැබ... තොප නොයෙක් අරගල, යුද කෝලාහලවලට හසුවී ඒ ඒ තැන තොපගේ ගෙල සිඳින ලදුව මරණයට පත්වීමෙන් ගලාගිය යම් රුධිරයක් ඇද්ද, එය ඉතා වැඩි ය. සිව් මහාසමුදුරු ජලය නොවේ.

මෙවන් අතිදුක්ඛිත ඉරණමකට තොප ගොදුරු වූයේ මක් නිසා ද? මහණෙනි, තොප මේ සා මහ දිගු කලක්, ගෙවීගිය මහා අතීතයක් පුරා ඒ ඒ අත්බැව්හි ඉපදෙන්ටත් මැරෙන්ටත් සිදුවන ඉරණමට හසුවීම නිසා ය. ගෙල සිඳිනු ලැබ සිව් මහා සමුදුරු ජලය ඉක්මවා ගිය රුධිරය ම වැඩි වූයේ, ඉපදෙන මැරෙන දුක්ඛිත ඉරණමට මෙසේ හසුවී සිටීම නිසා නම්, ඒ ගැන තොප කළකිරිය යුතු නොවේ ද? නොඇලිය යුතු නොවේ ද? මේ දුක්ඛිත ඉරණමෙන් නිදහස් විය යුතු නොවේ ද?'

භාග්‍යවතුන් වහන්සේ වදාළේ පිටස්තර පුද්ගලයෙකුගේ ඉරණම පිළිබඳ උපුටා දක්වා අසවලාට වූ දේ බලව කියා නොවේ. තම තමන්ගේ අක්මුල් නොපෙනෙන අතීතයේ සැඟව ගිය කඳුළු පිරි යටගියාව ගැන ය. සාගර ජලය ඉක්ම යන තුරු ලේ කඳුළු ගලා ගිය ඉපදෙන මැරෙන දුක්ඛිත ඉරණම ගැන ය. එහි සැබෑ තතු නොදැන තමාගේ ම ඇසටත්, කනටත්, නාසයටත්, දිවටත්, කයටත්, මනසටත් තණ්හාවෙන් ගැටගැසී සිටීම ගැන ය. ඇසින් දක්නා රූපයටත්, කනින් ඇසෙනා ශබ්දයටත්, නාසයෙන් දැනෙනා ගන්ධයටත්, දිවට දැනෙනා රසයටත්, කයට දැනෙනා පහසටත්, සිතෙහි මැවෙනා ලොවටත් තණ්හාවෙන් ගැටගැසී සිටීම ගැන ය. එහි ම ඇලී ගැලී සිටීම ගැන ය. එනිසා ම තමා මුහුණ දුන් දුක්ඛිත ඉරණම ගැන ය.

ඒ තිහක් පමණ වූ භික්ෂූන්ට තමන්ගේ ම අතීතය පිළිබඳව සැබෑ චිත්‍රය මැනවින් දිස්වූයේය. වඩවඩාත් පැහැදිලි ව වැටහී ගියේය. අවිද්‍යාවෙන් වැසී තණ්හාවෙන් ගැටගැසී කර්මයට දාස ව බිහිසුණු ඉරණමක සිරවී සිටි බව වැටහී ගියේය. ඔවුන්ගේ නුවණැස පෑදුණේය. ගැටගැසී තිබූ හැම කෙලෙස් බැමි ලෙහුණේය. ඇනී තිබූ කෙලෙස් හුල් ඉදිරී ගියේය. ඉදිරි ජීවිතයට තමාව දක්කාගෙන යන කර්ම විපාක රෝදයේ කඩඇණය පුපුරා ගියේය. අවිදු අඳුර නැසී එළිය පහළ වූයේය. ඔවුන්ගේ සිත් ඉපදෙන මැරෙන රටාවෙන් පිටතට පැන්නේය. රහත් ඵලය පසක් විය.

ඉපදෙන මැරෙන රටාවෙන් පිටතට පැනගත්තවුන් මරණය දිනුවෝ ය. ඉන් පසු ඔවුනට ඉපදීමත් මරණයත්

කිසිසේත් අදාළ නැත. එය ඔවුන්ගේ විෂයට අයත් නැත. ඒ භූමියෙහි ඔවුන් නැත. මරණයේ සෙවණැල්ල ඔවුන් මතට වැටෙනා නමුත් වෙනත් උපතකට හැරෙන්ට දොරක් නැත. ඒ සියලු දෙය ඇත්තේ ඉපදෙන මැරෙන ඉරණමට හසුව ගසාගෙන යන සත්වයාට මිස එයින් පිටතට පැනගත් දිනුම ලැබූ අයට නොවේ.

ලෝකයෙන් එතෙර වීම යනු මෙය ය. මරණයට යට නොවී මරණය පරදවාලීම යනු මෙය ය. එවන් නිකෙලෙස් උතුමෙකු වයසින් කුඩා වුව ද සිතන රටාවෙන් ගාම්භීර ය.

භාග්‍යවතුන් වහන්සේ ජීවමාන ව වැඩසිටි සමයෙහි රජගහ නුවර එක්තරා දරුවෙක් බුදුසසුනෙහි පැවිද්ද ලබාගත්තේය. ඔහු වයසින් කුඩා නමුත් නුවණින් වැඩිහිටියෙකි. ඒ දරු තෙමේ සාමණේර භූමියේ සිටියදී ම ඉපදෙන මැරෙන දුක්ඛිත ඉරණමෙන් පිටතට පැන ගන්ට සමත් වූයේය. දැන් ඒ හෙරණ නමගේ සිත උපතට හෝ මරණයට අයත් නැත්තේය. එයින් නිදහස් ය.

ඒ කුඩා රහත් හෙරණගේ නම අධිමුත්ත ය. හේ තවත් සඟපිරිසක් හා වස් වසනු පිණිස ඈත පිටිසර වනගත පෙදෙසකට පිටත් විය. සැටනමක් පමණ වූ සඟපිරිසට උවටැන් කරනා මේ නිහතමානී සාමණේරයා මරණය දිනුවෙක් බවත්, ජීවිතයත් මරණයත් පොරබදින දුක්ඛිත සයුර තරණය කළ අයෙකු බවත් කිසිවෙකුට දැනගත නොහැකි විය. තමා කවුදැයි කිය කියා පුරසාරම් දෙඩීමෙක් නිකෙලෙස් මනසක් ඇති කෙනෙකුට නැත්තේය. ඒ සියල්ල ඇත්තේ මම ය, මාගේ ය, මාගේ ආත්මය ය නමැති හොල්මන සිතෙහි කරණම් ගසන කෙනා තුළ

ය. කුඩා භික්ෂුවක් ව සිට පවා සිය සිතෙහි ඇති අද්භූත වෛරාග්‍යයෙන් නිපන් සිතැඟි අන්‍යයන්ට නොපවසා එදෙස උපේක්ෂාවෙන් බැලීම මරණය දිනූවන්ගේ ලකුණෙකි.

ඒ වනයේ දරුණු සොරමුලක් සැරිසැරූහ. ඔවුහු වනගැබෙහි ඇති වනස්පති මහා වෘක්ෂයකට අරක්ගත් යකින්නක උදෙසා වාර්ෂිකව මිනිස් බිල්ලක් දෙන්ට පොරොන්දු ව සිටියෝය. මෙවර ඒ මිනිස් බිල්ලට සුදුසු අයෙකු සොයන විට ඒ වන අසපුවෙන් බැහැර පිටත් ව ගිය තරබාරු මහල්ලෙකු හමුවිය. මහල්ලා කියා සිටියේ තමා වැනි ජරපත් මාල්ලෙකු බිල්ලට දීමෙන් තොපගේ දේවමාතාව සතුටු නොකළ හැකි බව ය. 'ඉදින් ගුණ නුවණැති සුසිල්වතෙකු බිලිදිය හැකි නොවේ ද? එකල්හි ඒ දේවමාතාවෝ තොප කෙරෙහි පහන් වන්නී තොප රකින්නී නොවේ ද? එබඳු තපස්වීහු අසවල් තැන සිටිත්. මා වැන්නෙකු කුමට?' යි කීවේය.

මෙය අදහාගත් සොරුන්ගේ සිත් එදෙසට යොමු විය. ඔවුහු අරණ්‍යය වටකළෝය. වැඩිහිටි තෙරවරුන් එකිනෙකා සොරු සමග යන්ට පෙළගැසෙන්ට පටන් ගත් විට අධිමුත්ත හෙරණනම ඒ හැම වළකා තෙමේ ම ඉදිරිපත් විය.

සොරමුල පොඩිනමත් රැගෙන වනස්පතී මහා වෘක්ෂය වෙත ගියේය. අවට මහා අඳුරු සෙවණැලි වසා මූසල නිහැඬියාවකින් පිරී ගිය තැනෙකි. සිංගාරයන්ගෙන් තැන තැන රත්පැහැ ගන්වා, වදමල් පුදා, සිහින් රතුවතින් පිරිකෙව් කොට තිබිණ. රුක්සෙවණේ යහනක හැඩය ගත් ගලක් තැන්පත් ව තිබිණ. හෙරණනම එහි

හිඳුවීය. අරණ්‍යයෙහිදී මුණගැසෙන කල්හි පොඩිනමගේ මුවමඬලෙහි තිබුනේ යම් සිරියාවෙක් ද, එය නොවෙනස් ව එලෙසින් ම තිබුණේය. ඒ මඳ සිනහවෙන් ද දිගට ම මුව සැරසී තිබුණේය. කඩුවෙන් සිඳ මරණයට පත්කොට බිලිදෙන්ට සූදානම් ව හිඳුවා සිටින මේ ළදරු පැවිද්දාට එහි වගක් නැති සේ ය. මරණය යනු කුමක්දැයි නොදන්නා සේ ය. මැරෙනවුන් දැක නැති සේ ය. මරණෙන් භ්‍රාන්ත වූවන්ගේ වියරු විලාපය කිසි දින අසා නැති සේ ය.

සොරදෙටුවා පොඩිනම දෙස නෙතු පිය නොසලා බලා සිටියේය. හාත්පස පහන් දල්වා, වදමල් පුදා යකින්නට බිලි පුද දෙනු පිණිස ස්තෝත්‍ර කියැවේ. සීනුහඬ නැංවේ. උඩැක්කි වැයේ. මේ කුඩා ශ්‍රමණයා දෙස බලා සිටි සොරදෙටුවාට පුදුම නොවී සිටින්ට බැරි විය. මොහු උමතු වූවෙක් ද? සිහිකල්පනාව නැති වූවෙක් ද? මෙසේ නොවෙනස් වූ මඳ සිනහවෙකින් නිර්භය දෙනෙතින් සුවසේ බලා සිටිනුයේ කෙසේ ද? දැන් බිල්ලට කැපවන බව නොදන්නේ ද? හේ යාදින්න මඳකට නවත්වා දේවමාතාවට බිලිදෙන්ට කැපකළ කුඩා ශ්‍රමණ නමගෙන් මෙසේ විචාළේය.

එම්බා දරුව අප පෙර, අල්වා මෙතැන ගෙන ආවුන්
කැප කරද්දී බිල්ලට, වැලපේ වනය දෙවනත් කොට
පැහැර ගැනුමට ධනය, නැසුමට කඩු එසවූ විට
සියලු වස්තුව පුදා, ඉල්ලුවෝ ම ය ජීවිත

සලිත ව මරණ බියෙන්, වියරු වැටී ගිය ඔවුහු
සිහිසුන් ව වැටුණෝ, බැගෑ හඬ නැගුවෝ
වගුළෝය බොහෝ කඳුළු, ගැහි ගැහී සිටියෝ

තොප මහ අමුතු යැ, බිය තැතිගැනුම් නැත කිසිත්
මරණය ළං ව එන විට, තොප පැහැ දිලේ වැඩියෙන්
අසිපතින් වටකොට, මරණය යි තොප කැඳවන
මෙවන් මොහොතක කිම, නොහඬා නොවැලපී
අමුතු සන්සුන් බවෙකින්, වෙනසක් නැතිව ඉන්නේ?

එකල්හි ඒ පොඩිනම කිසි වෙනසක් නොදක්වා සතුටු පිරුණු මුවමඬලින් යුතුව, නිදහස් සිතින් යුතුව, බිය තැතිගැනීමක් යනු කුමක්දැයි නොදන්නා සිතින් යුතුව, මරණය පිළිබඳ තමන් තුළ ඇත්තේ කවර දැක්මෙක්දැයි සොරදෙටුවාට පහදා දුන්නේය.

එම්බා මිතුර අසව මා බස, දිවියේ ඉදිරි මොහොතට
පවතින්ට කිසි ලෙසට, ඕනෑකමක් නැතියෙකුට
මරණය පැමිණි විට, බියවන්ට කරුණෙක් නැත
ගැටගැසී තිබූ හැම කෙලෙස්, මැනවින් ලිහාගත්විට
බිය තැතිගැනීම්වලින්, ඔහු පිටට පැනගත්තෙකි

හැම දෙයට මුළාවෙන් බැඳි, ආශාවෙන් වෙළුණු සිත
එයින් නිදහස් කොට, විමුක්තිය පසක් කළ විට
ලද යම් අවබෝධයක්, පමණි ඔහු තුළ ඇත්තේ
කෙලෙස් බර බිම තැබූ, එවැන්නෙකු හට කිසි ලෙස
කුමන අයුරින්වත්, බිය තැතිගැනීමක් නැත

උතුම් අරිඅටඟි මග, වැඩී ඇත මා තුළ හොඳින්
ඒ මග මනාකොට, ප්‍රගුණ වී ඇත මා හට
දුකින් විඳවූ රෝගයක්, සුව වූ අයෙකුහට
රෝගයක් තමාහට, තිබුණු බවවත් සිහි නැත
එලෙසින් ම මාහට, මරණ බිය තිබුණු බවවත්
කිසි මතකයක් නැත

හොඳින් දමනය කොට සිත, නැණින් දැන ඇති තතු
විමුක්තිය පසක් කළ විට,
සැබෑ අස්වැසිල්ලක්, නොපවතින මේ ලොව
පවතින නිසරු බව, යස රඟට දිස්වේ
විසක් වමනය කොට, සුවපත් වූ අයෙකු ලෙස
මරණය ද මාහට, වමනය කළ විසක් බඳු වේ

ඉපදෙමින් මැරෙමින්, හැඬූ කඳුළින් එයට මැදි වී
ඉතා දුකසේ ආ, රටාවෙන් පිටට පැන්නෙමි
කිසිවකට කිසිදු අයුරින්, පැටලී නොමැත මේ සිත
මෙලෙසින් නිදහස් වූ විට, කළයුත්ත කොට හමාර ය
මරණයේ දංගෙඩියෙන්, මිදීගත් අයෙකු ලෙස
ආයුෂ ගෙවීගිය හෙයින්, ඒ ගැන සතුටු වෙමි

මා ඇසූ දරාගත්, දහම අති උත්තම වේ
එදහම කියූ තැනට ම, මගේ සිත පත්වී ඇත
මෙලොව පරලොව ගැන, මසිතෙහි හැඟීමෙක් නැත
නිදහස් වූ සිතට, කිසිදු පැතුමක් අදාළත් නැත
ගිනිගත් ගෙයින් පිට පැන, සුව ලැබූවෙක් විලසට
මරණය ඉදිරියෙහි, නොඒ සෝදුක් මසිතට

හේතුන් නිසා හටගත්, යම් දෙයක් ඇද්ද ලොව
හේතු නැතිවීමෙන්, ඒ සියලු දෙය නැසී යනු ඇත
ලෝසතට උපදින්නට, මැරෙන්නට හෝ යම් තැන
උරුම වේ නම් යමෙකුට, තිබෙනුයේ සියලු තැන
හටගෙන නැසී යන, සිඳෙන බිඳෙනා දහමෙකි
මහා ඉසිවර බුදුහිමි, එය මනාකොට දෙසන ලදි

භගවත් අප මුනිඳු, වදහළ උතුම් එදහම
ඒ අයුරින් ම යමෙක්, මැනවින් පසක් කළ විට

ඉපදෙන මැරෙන හැම, පෙනී යන්නේ නැණසට
ගින්නෙන් රතු ව ඇති, බිහිසුණු යකඩ ගුළි ලෙස
ගිනිගත් යකඩ ගුළි, මම් කුමට අල්වන්නෙම්?

ගත වූ අතීතය තුළ, නොම පැටළේය මා සිත
වන්නෙම් අනාගතයේ, යන හැඟීමෙක් නැත මට
සකස් වී ඇති සිත කය, නිසි කල නැසී යනු ඇත
එවන් දෙයකට කුමට නම්, හඬා වැලපෙන්ට ද?

එම්බා මිතුර මට නම්, ඇතුලත පිටත හැම දෙය
හේතු ඵලයෙන් නිපන්, නැසීයන නිසරු දේ ම ය
තෙල් වැටි දම දමා, දල්වන පහන් විලසින
හේතු සැකසෙන විට, ඵලය සැකසී උපදවයි දුක
මෙහි සැබෑ තතු දුටු විට, බිය වන්ට ඇද්ද කිසිවක්?

නුවණින් විමස විමසා, දිවියෙහි සැබෑ තතු
බලන විටදී පෙනෙනුයේ, තණ ලී රොඩු ගොඩකි
නැසී වැනසී යන, තණ ලී රොඩු ගොඩ දැක
මම ය මාගේ ය කියා, ගන්ට කිසිවක් නැති වග
මැනවින් පසක් කළ, ලොව නුවණැත්තෙකුට
මගේ දේ මට නැති විය, කියා හැඟුමෙක් නම් නැත
නොමැති නම් ඒ ගැන දුකක්, හඬන්නේ කුමට ද?

දෙතිස් කුණපෙන් සැකසුණු, මෙකයට කවා පොවමින්
පිළිදැගුම් කරමින් සිට, හොඳට ම ඇතැයි සිතමි මම්
කොහොමටත් මේ කය, නැසී වැනසී යයි නොවැ
යළි උපතකින් මට, ඵලක් නැත්නම් කිසිවිට
වෙනත් කයකුත් මාහට, යළි හැදෙන කරුණක් නැත

තොපට මේ කය ගෙන, කරන්නට ඇත්නම් යමක්
බිලිපුදට හෝ අනිකකට, යමක් කරනට සිතව් නම්
තොපට රිසි සේ කරව් ඒ දෙය, ඒ ගැන කිසිවිටක
ගැටීමක් හෝ ඇලීමක්, නැත්තේය මා සිත තුළ

සිය මරණය ගැන අල්පමාත්‍ර වූ සංවේදී බවක් නොමැති, මරණයට අයත් නැති, මරණය දිනූ ඒ කුඩා රහත් නමගේ වදන් ඇසූ සොරුන්ගේ කය ලොමුඩහ ගැනුණේය. සලිත ව ගියේය. ඩහ වැගිර ගියේය. ඇස්පිය නොහෙළා බලා සිටියේය. ස්තෝත්‍ර නැවතුණි. උඩැක්කි සීනු හඬ නැති ගැඹුරු නිහැඬියාවක් පැතිර ගියේය. ඔවුන් අත තිබූ කඩු බිමට වැටෙනා හඬ, පැරදුනු මරණයේ කෙඳිරිල්ල බඳු විය. මෙවන් අද්භූත කියුම් ඔවුන් කිසිදා කිසිවෙකුගෙන් අසා නැත්තේය. ඇත්තෙන් ම මේ දකින්නේ සිහිනයක් ද! කිසියම් මායාවක් ද! නැතහොත් සැබෑවට ම සිදුවන දෙයක් ද! ඔවුන්ගේ සිත් කුතුහලයෙන් පිරී ගියේය.

අනේ පින්වත් ළදරු ශ්‍රමණය
කෙසේ නම් අදහගන්ට ද!
මෙවන් බබළන නුවණක්
එළිය විහිදෙන අසිරිමත් බස්
කවුද මෙවන් අරුම පුදුම දේ
තොපට පැවසූ ගුරු දෙව්?

කවරෙකු වෙත අවුත්
ලද්දේ ද තොප මේ සෝක නැති බව?

එවිට අධිමුත්ත සාමණේර තෙමේ භාග්‍යවතුන් වහන්සේ ගැන ඔවුනට කියා දුන්නේය.

මාගේ ගුරුදෙවිඳු, දනිති ලොව ඇති සැම දෙය
ඒ සම්බුදු නුවණට, විවර වී ඇත සියලු ලෝතතු
ලෝසතගෙ හැම භවදුක්, නිමාකරනා අම ඔසු
තුන්ලොව සිසාරා, සියලු සත වෙත බෙදා දෙනුයේ
ඒ මගේ භගවත් මුනිඳු ය
ඒ මුනිඳුගේ සසුනේ, මම් ලදිමි මේ සෝක නැති බව

ජීවිතයේ පළමු වතාවට ඔවුන් දුටු ඉතා අද්භූත ලොමුඩහගැන්වෙන සිදුවීම මෙය විය. සොරුන්ගේ කටයුතු එතැනින් ම හමාර විය. ඔවුහු සොරකම අත්හළෝය. ඔවුන්ගෙන් ඇතැමෙක් පොඩිනම හා එක් ව භාග්‍යවතුන් වහන්සේ බැහැදකින්ට ගොස් පැවිද්ද ලබාගත්තෝය. එදා බිලි පුදසුන මත හුන් පොඩිනමගේ මුවින් පිටවූයේ යම් දෙයක් ද, ඒ සියල්ල එලෙසින් ම සැබෑ විය. ඉපදෙන මැරෙන දුක්ඛිත ඉරණමේ සිර වී වුසූ ඔවුන්ට ද එයින් පැනගන්ට හැකි විය.

යම් තැනෙක මම ය, මාගේ ය යැයි දැඩි ව ග්‍රහණය කරගත් යම් ඇසක් ඇද්ද, කනක් හෝ නාසයක් හෝ දිවක් හෝ කයක් හෝ සිතක් ඇද්ද, උපත යනු එය ය. ජරපත් වීම ඇත්තේ එතැන ය. රෝදුක් උපදිනුයේ එතැන ය. අකැමති දේ හා එක්වීම ද එතැන ය. කැමති දෙයින් වෙන්වීම ද එතැන ය. ලබන්ට ආසා දේ නොලැබීම ද එතැන ය. බලාපොරොත්තු, ප්‍රාර්ථනා, අපේක්ෂා, ආශාවන් සියල්ලේ හටගැනීමත් බිඳවැටීමත් එතැන ම ය. කර්ම රැස්වීමත් එතැන ය. විපාක විඳීමත් එතැන ය. මරණයෙන් පසු වරින් වර එන්නේ ද එතැනට ය. දුක් පිරීගිය සයුරක කඳුළු රැළි නගන්නේ ද එතැන ය. හැම අසරණකමක් ම, හැම පීඩාවක් ම, හැම වහසිබස් දෙඩුමක් ම, හැම

උඩඟුකමක් ම, හැම මුළාවක් ම, හැම මෝඩකමක් ම, හැම අවුලක් ම එතැන ය. ඇස කණ නාසය දිව කය මනස නොමැති තැනක එවන් දෙයක් ඇද්ද?

මච්චුරාජා
මරණයේ අධිපති මහරජු

16

ලොවෙහි සෑම දේකට ම පාහේ ප්‍රධානයෙක්, අධිපතියෙක්, මෙහෙයවන්නෙක්, මගපෙන්වන්නෙක්, යොමුකරවන්නෙක් ඇත්තේය. නමුත් මරණයට ද එවැන්නෙක් සිටින බව මරණය පිටුපස තිරයෙන් එහා ලෝකයේ තොරතුරු නොදන්නාතාක් කෙසේ නම් දැන ගන්ට ද?

ලොවෙහි උපන් සත්වයෙකුට බැලූ බැලූ අත ඇත්තේ ඉපදෙන්ට තැන් ය. නැත්නම් මරණයට තැන් ය. කෙතරම් එපා වූ නමුත්, කෙතරම් කලකිරී ගිය නමුත්, කෙතරම් අකැමති නමුත් ඉපදෙන මැරෙන ඉරණම තුළ දැන හෝ නොදැන සිරවී හසුවී සිටින සියල්ලනට උපතත් මරණයත් හැර අන් කිසිවක් ඇද්ද?

ලෝකයේ ඇති සිතාගත නොහැකි දේ නම් නැවත නැවතත් මරණය කරා සත්වයා කැඳවනු ලබන, උපත පිණිස ලොව හසුරුවන මහා බලපුළුවන්කාරකමෙන් යුතු අධිපතියෙක් සිටීම ය. ඔහුගේ අධිපතිබව සුළුපටු නැත. ඔහුගේ ආනුභාවය ඉතා බලවත් ය. විවිධාකාර කෙලෙස් වැස්මෙන් වැසීගිය සත්වයා සිය වසඟයෙහි පවත්වාලීමට ඒ මෘත්‍යුරාජයාට ඕනෑතරම් අවකාශ ඇත්තේය. එවැන්නෙක් ලොව සිටින බව දැනගන්ට ලැබීම පවා අද්භූත කරුණෙකි. ඔහු අධිපතිභාවය පවත්වනුයේ සත්වයාගේ ඇස කෙරෙහි ය. කන කෙරෙහි ය. නාසය කෙරෙහි ය. දිව කෙරෙහි ය. කය කෙරෙහි ය. සිත කෙරෙහි ය. යම් සත්වයෙකු ඒවා කෙරෙහි මම ය, මාගේ ය, මාගේ ආත්මය යන හැඟීමෙන් යුතුව එහි වසඟ ව සිටී නම්, මෘත්‍යුරාජයාගේ සියලු අණසකට ඔහු යටත් ය.

භාග්‍යවතුන් වහන්සේට පමණක් මෘත්‍යුරාජයා පිළිබඳ සියලු අප්‍රකට තොරතුරු සොයාගන්ට පුළුවන් විය. කිහිප වතාවක් භාග්‍යවතුන් වහන්සේ ඉදිරියේ පෙනී සිටි ඔහු සිය සිතැඟි මැනවින් හෙළි කළේය. තර්ජනය ද කළේය. ඒ මරණයෙන් පිටතට පැනගත්තවුන් සිය වසඟයෙහි තබා ගැනීමට ඔහුට නොහැකි නිසා ය. භාග්‍යවතුන් වහන්සේ ඔහුගේ විෂයක්ෂේත්‍රය මැනවින් දන්නා සේක. එමෙන්ම ඔහු සතු සීමා මායිම් ද මැනවින් දන්නා සේක. ඔහුගේ උපායයන් ද දන්නා සේක. එනිසා ම ඔහුගේ දෑසට වැලි ගසා, ඔහු යන මගින් බැහැර ව, ඉපදෙන මැරෙන දුක්ඛිත ඉරණමෙන් පැනගැනීමේ දුර්ලභ භාග්‍යය අප සුගතයන් වහන්සේ තනිවම උදාකරගත් සේක.

භාග්‍යවතුන් වහන්සේගේ සරණ සොයා ආ, උන්වහන්සේගේ බසට සවන් දුන්, අවවාදයට කීකරු වූ, උන්වහන්සේ පෙන්වූ මග ගත්, ගිහි දිවිය අත්හළ, කාමයන් පිළිකෙව් කළ, සිව්පසයට වසඟ නොවූ ඇතැම් ශ්‍රාවක භික්ෂූන්ට ද මරණයේ අධිපතියාගෙන් ගැලවී පැනගන්ට වාසනාව ලැබුණේය. එහෙත් ඇතැමුනට ඉපදෙන මැරෙන දුක්ඛිත ඉරණමට සිරවී මෘත්‍යුරාජයාගේ අණසකට යටත් වෙන්ට සිදුවිය. ඒ බුදුවදනට අනුව කටයුතු නොකළ නිසා ය. මරණය ජය ගනු පිණිස බුදුසසුන වෙත ආ පමණින් අනතුර පහ ව නොයයි. අනතුරෙහි අඩුවක් ද නැත්තේය. අවිනිශ්චිත බවෙහි අඩුවක් ද නැත්තේය. ලද අවසරයෙන් මෘත්‍යුරාජයා ඔවුන් ව උපදින මැරෙන ඉරණමට සිර කිරීමෙහි අඩුවක් ද නැත්තේය. ඒ වග පැහැදිලි කරමින් භාග්‍යවතුන් වහන්සේ මනරම් උපමාවෙක් පැවසූ සේක.

'මහණෙනි, මුවන්ගේ මරණය කැමති, අයහපත, විපත, විනාශය කැමති වැද්දෙක් සිටියේය. ඔහු වනයක් මැද හේනක් කළේය. මුවන් ගොදුරට ගන්නා තෘණ ආදිය නිල්පාටින් සරුවට වැඩෙන්ට හැරියේය. ඔහු තුළ 'අනේ මේ මුව රැළ බොහෝ කල් සුවසේ කා බී පැහැපත් ව වසත්වා!' යන හැඟීමක් කිසිදා හටනොගත්තේය. ඔහු තුළ නිරතුරු ව පැවතියේ මෙවන් හැඟීමෙකි. 'මවිසින් සරුසාර තෘණ කෙතක් සකසන ලදී. මුවරැළ මේ කොරටුවට වැදී හොඳින් කා බී තුටුපහටු ව මෙහි ම ලගින්නාහ. මා දුන් දෙයින් මත් ව, විශ්වාසයෙන් යුතුව, සැක බිය නැතිව, පැන යන සූදානමක් නැතිව ලගින්නාහ. ඒ මුව රැළගේ ප්‍රමාදය මට හොඳ වාසියකි. එකල්හි මා රිසි දෙයක් ඔවුනට කළ හැක්කේය.'

මහණෙනි, වැද්දාගේ කොරටුව වෙත මුවරැළක් ආවෝය. ඔවුන් සිතුවේ හිතු මනාපයේ තෘණ බුදින්ට ය. පැන යන අදහසින් සීරුවෙන් වටපිට බැලීමක් වත් නොකළේය. ඒ තරමට ම මත් විය. කිසි භයක් සැකක් නැතිව තෘණ බුදිමින් එහි ම ලැග්ගෝය. මුවන් සියලු දෙනා ම මරාගන්ට වැද්දාට හැකි වූයේය. ඔහුගේ බලපුළුවන්කාරකමින් මිදෙන්ට මුවන්ට බැරි විය.

මහණෙනි, වැද්දෙකු විසින් මුවරැළක් දඩයම් කළ වග වෙනත් මුවරැළකට අසන්ට ලැබුණේය. 'බලන් මිතුරනි, කලින් මුවරැළ නිල් තණ කොරටුවට වැදී රිසි සේ තණපත් බුදිමින් එහි ම ලැග සිටියේ නොවැ. ඒ නිල්තණ කොරටුවෙහි අයිතිකාරයා වැද්දෙකි. ඒ වග නොදත් ඔවුන් පමාවෙන් විසීය. එනිසා වැද්දා අතින් මැරෙන්ට සිදුවූයේය.

අපට මේ බිහිසුණු තණකොරටුවෙන් ඇති ඵලය කිම? අපි ඈත වනයට යමු. එහි ගොස් කිසිවක් කා බී වසන්නෙමු' යි කතිකා කොට ඔවුහු තණ කොරටුව අසළටවත් නොගියෝය. ඒ දෙසවත් නොබැලුවෝය. ඈත වනයට ගොස් විසුවෝය. ග්‍රීෂ්ම කාලයේ වැස්ස නැතිවීමෙන් ගහකොළ මැරී, ඇළදොළ සිඳී ගියේය. අහර අහේනියට ලක් වූ මුව රැළ ඉතා කෘශ ව දුබල වූහ. ඔවුන්ට නිල් තණ කොරටුව මතක් විය. කෙමෙන් කෙමෙන් එදෙසට පියමං කළෝය. නිල්තණ යසට පෙනේ. එහි පිවිස කුස පුරා තණ කා බඩසා නිවාගත් ඔවුහු අනතුර නොසළකා එහි ම ලැග්ගෝය. බොජුන් රසයෙන් මත් ව පමා වූවෝය. කල් යල් බලා පැමිණි වැද්දා සියල්ලන්

මරාගත්තේය. ඔහුගේ බලපුළුවන්කාරකමින් මිදෙන්ට කිසිවෙකුටත් බැරි විය.

මහණෙනි, තුන්වෙනි මුවරැළකටත් මේ පුවත් අසන්ට ලැබුණේය. ඔවුන්ගේ කතිකාව මෙය විය. 'අපට බොහෝ කල් ඈත වනයට ගොසින් වුසුම අසීරු ය. තණ කොරටුවට පිවිසීමත් අනතුරෙකි. අපි තණ කොරටුව අසළ වනගැබෙහි සැඟව කුසගිනි වූ විට රහසේ කල්පනාවෙන් අවුත් සිහි ඇතිව සිට, හනිකට තණ කා වනයට පැන ගනිමු.' ටික කලක් ඔවුන්ට එසේ කළ හැකි විය. වැද්දා මාන බලමින් සිටියේය. මේ මුවරැළ ලේසියෙන් අල්ලා ගන්ට බැරි වග දුටුවේය. ඔවුන් යන එන තැන් එක්වර ම සොයාගන්ටත් අසීරු ය. එවිට වැද්දා සිය වැදි පිරිවර හා එක් ව ඒ මුළු පෙදෙස ම හසුවන සේ වටකොට වැට ගැසීය. මුව රැළ හසුකරගන්ට හැකි විය. ඔවුන්ට ද වැද්දාගේ බලපරාක්‍රමයෙන් නිදහස් විය නොහැකි ව මරණයට පත්වෙන්ට සිදුවිය.

මහණෙනි, සිව්වෙනි මුව රැළට ද සියලු පුවත් අසන්ට ලැබුණි. 'දැන් අපගේ මුව පිරිස් තුන් වතාවක් ම මරණයට පත්වූවාහුය. අපි මෙසේ කරමු. වැද්දා යන්නේ යම් මගෙකින් ද, වැදි පිරිස යන්නේ යම් මගෙකින් ද ඒ මගින් නොයා යුතුය. වැද්දාත් වැදිපිරිසත් ඇසුරු කරනුයේ යම් තැනක් ද, ඒ තැන් ඇසුරු නොකළ යුතුය. වැද්දාගේ තණ කොරටුවට නොවැදී, යාන්තමින් එතැනින් කිසිවක් කා සිහි මුළා නොවී සීරුවෙන් සිට අවධානයෙන් සිට දිවි රැක ගනිමු.'

වැද්දාත් වැදි පිරිසත් යන මගින් නොයන, ඔවුන් ඇසුරු කරන තැන් ඇසුරු නොකරන, එහෙත් රහසේ

කොරටුවෙන් තණ බුදින වෙනත් කපටි මුවරැළක් ඇති වග වැද්දාට දැනගන්ට ලැබුණේය. ඒ ගැන නොරිස්සූ වැද්දා 'මේ මුව රැළ කපටි ය. යකුන් බඳු ය. කිසියම් බලපරාක්‍රමයකින් යුතුය. මාගේ කොරටුවට පැන තණ බුදිත්. ඔවුන් කොයින් එත් ද, කොයින් යත් දැයි නොදනිමු. ඔවුන් අල්ලාගන්ට නම් මේ පෙදෙස හැකිතාක් වටකොට වැට බැන්ද යුතුය' යි සිතා වැදි පිරිස සමග වඩාත් පුළුල් කොට වැටක් බැන්දේය. එහෙත් වැද්දාගේ ගමන් මග නොයන, හැසිරෙන තැන නොහැසිරෙන ඒ මුව රැළ කොටුකරගන්ට ඔවුන්ට නොහැකි විය.

කිසිවක් කරකියා ගත නොහැකි තැන වැද්දාටත් වැදි පිරිසටත් මේ අදහස ඇති විය. 'කරන්ට දෙයක් නෑ. දැන් මේ සතරවැනි මුවරැළ ම අල්ලාගනු පිණිස මොවුන් මත්තේ පන්න පන්නා සිටියොත්, එයින් වෙහෙසෙන මොවුහු අන් මුවන්ට ද මෙහි උවදුරු ඇති බව කියන්නාහ. එසේ වුවහොත් කිසි මුව රැළක් මේ පළාතටවත් නොවදිනු ඇත. කමෙක් නෑ. මොවුන් සිටින තැනක සිටියා වේ' යි ඔවුන් සෙවීමේ තද ඕනෑකම අත්හැරියෝය. මහණෙනි, මෙසේ සිව්වැනි මුව රැළට පමණක් වැද්දාගේ බලපරාක්‍රමයෙන් මිදෙන්ට පුළුවන් විය.

මහණෙනි, මේ උපමාව පැවසූයේ මරණයෙහි අධිපතියාගේ කටයුතු පහදා දීමට ය. ඉෂ්ට, කාන්ත, මනාප, ප්‍රිය උපදවන, සිත් ඇදගන්නා යම් රූප, ශබ්ද, ගන්ධ, රස, පහස ඇද්ද, තණ කොරටුව යනු මේ පංච කාමගුණයට කියන නමෙකි. එය වගාකළ එහි අයිතිකාර වැද්දා යනු මෘත්‍යුරාජයා හෙවත් මාරයාට නමෙකි. මුව

රැළ යනු ඉපදෙන මැරෙන දුක්බිත ඉරණමෙන් පැන ගන්ට ඕනෑකම ඇතිව ගිහි දිවි අත්හළ පැවිද්දන්ට නමෙකි.

මහණෙනි, මෙසසුනෙහි යම් පැවිද්දෙක් කාමයන්ගෙන් වෙන් ව, අකුසල් දහමින් වෙන් ව, කුසල් අරමුණෙක මනෝ විතර්කයන් රඳවා, නීවරණයන්ගෙන් බැහැර ව උපන් විවේකයෙන් ලත් ප්‍රීති සුව ඇති පළමු ධ්‍යානය උපදවාගෙන වසයි නම්, ඒ පැවිද්දා මෘත්‍යුරාජයාගේ ඇසට වැලි ගැසීය. ඔහුගේ නෙත් බැල්ම නසා ඔහු නොදකින තැනකට ගියේය.

භාග්‍යවතුන් වහන්සේ මෙසේ දෙවෙනි තුන්වෙනි සිව්වෙනි ධ්‍යාන ගැනත්, අරූප ධ්‍යාන සතර ගැනත් පහදා දී, සිව්සස් පිරිපුන් ව අවබෝධ කොට, සියලු කෙලෙසුන් නසා අර්හත්වය සාක්ෂාත් කළ පැවිද්දා මාරයාගේ දෑස නැසීම පමණක් නොව, ඔහුගේ නෙත් බැල්ම නැසීම පමණක් නොව, ඔහුට නොපෙනෙන තැනට යාම පමණක් නොව, තණ්හා සයුර ද තරණය කොට පිටට පැන ගත්තේ යැයි වදාළ සේක.

මරණයෙහි අධිපති බව යනු සත්වයාගේ පැවැත්ම නොකඩ කොට පැවැත්වීමෙහිලා සිය බලපරාක්‍රමය එකහෙළා පතුරුවන පදවියකි. මෘත්‍යුරාජයා ද සත්වයෙකි. ඔහු ද කර්මානුරූපව උපන්නෙකි. කල්යල් බලා මරණය ආ විට ඔහු ද ලැබෙන උපතක් කරා යා යුත්තේය.

කකුසඳ බුදුරදුන් සමයෙහි මාර පදවියෙහි ඕපපාතික ව උපත ලද්දේ දූසී නමැති මාරයා ය. ඔහු කකුසඳ බුදුන්ගේ සව්වන්ට බොහෝ හිංසා කළේය. ඒ බුදුන්ගේ

ශ්‍රාවක භික්ෂූන් පිඬුසිඟා වඩින කල්හි මාරාවේශය ලත් ශ්‍රමණ බ්‍රාහ්මණයින් ලවා සීමාවක් නැති නින්දා අපහාස කරවීය. ඒ කාලයේ යම් මිනිසෙක් මරණයට පත්වූයේ ද, ඒ හැම දෙනෙකුට ම මරණින් මතු විවර වූයේ නිරයට යෑමේ දොරටුව ය.

කකුසඳ බුදුන්ගේ අවවාදයට අනුව භික්ෂූහු සිව් ඉරියව්වෙහි මෙත්තා, කරුණා, මුදිතා, උපේක්ෂා ය සිව් බඹවිහරණ වඩන්ට පටන් ගත්තෝය. මේ හේතුවෙන් භික්ෂූන් වසඟයට ගන්ට බැරි විය. අනතුරුව මාරාවේශය ලත් බ්‍රාහ්මණ ගෘහපතියන් ලවා බොහෝ ලාභ සත්කාර කීර්ති ප්‍රශංසා ලැබෙන්ට සැලැස්වීය. ඒ සිව්පසයෙහි මුසපත් කරවනු පිණිස ය. කකුසඳ බුදුරදුන්ගේ අවවාදය වූයේ වනගත සෙනසුන්හි වසමින්, අසුභ භාවනාවේ යෙදෙමින්, ආහාරයෙහි පිළිකුළ දකිමින්, සියලු ලොවට නොඇලෙමින්, හේතුඵල දහමින් හටගත් සියලු දේ නැසෙන වැනසෙන ස්වභාවයට අයත් බව සලකමින් ඒවා ම මෙනෙහි කරමින් වසන ලෙස ය. එකල සැදැහැ සිතින් දන් පැන් පිදුවෝ, ගුණදම් වැඩුවෝ මරණින් මතු දෙව්ලොව ගියහ. දූසී මරහුගේ ඒ උපාය අසාර්ථක විය.

කකුසඳ බුදුහු සිය අගසව් විධුර මහරහත් තෙරනම සමග දිනක් නගරයේ පිඬුසිඟා වැඩියහ. දූසී මාරයා එක්තරා තරුණයෙකුට ආවේශ විය. ගල් කැබැල්ලක් අතට ගත් ඒ තරුණයා අගසව් විදුර මහරහතුන්ගේ හිසට වේගයෙන් දමා ගැසීය. බිඳුණු හිසින් යුතුව රුධිරය ගලමින් විදුර තෙරණුවෝ කකුසඳ භාග්‍යවතුන් වහන්සේ පසුපසින් වැඩියෝය.

කකුසඳ බුදුරදාණෝ මුළු සිරුර ම හරවා බලන නාගාපලෝකනයෙන් හැරී දූසී මරහු දෙස බලා 'මේ දූසී මාර තෙමේ සිය සීමාව නොදනී' යි වදාළ සේක. එසැණින් මාර භූමියේ සිටිනු නොහැකිව මරණයට පත්ව එයින් චුතව අවීචි මහා නිරයෙහි උපන්නේය.

මෘත්‍යුරාජයාටවත් මරණයෙන් ගැලවීමක් නැත්තේය. යළි උපතින් ගැලවීමක් නැත්තේය. ඉපදෙන මැරෙන භව පැවැත්මට හසු වූ සත්වගට අයත් මාරයා පවා ඒ ලෝදහමෙන් නිදහස් නැත්තේය. ඔහුට හැකිව තිබෙනුයේ භව පැවැත්මට හසුවූ සත්වයා වෙත සිය බැල්ම හෙළා එහි ම රඳවා තැබීම පමණි. මෘත්‍යුරාජයෙක් ලොව ඉපිද සිටිනුයේ ඒ සඳහා ය.

එක්තරා පින්වත් බ්‍රාහ්මණයෙක් පැමිණ භාග්‍යවතුන් වහන්සේගෙන් මෙය අසා සිටියේය.

මහාපුරිස් ලකුණින් දැකුම්කළු
භගවත් මුනිඳු දැක්මට මෙමා ආයේ
එක් පැනයකට විසඳුමක්
භගවතුන්ගෙන් ලබනු පිණිස ය
මරණයේ රජහුගේ නෙතට
හසුනොවී සිටිය හැක්කේ
නුවණ මෙහෙයා මෙ දිවිය දෙස
කුමන අයුරින් බලන කෙනාට ද?

භාග්‍යවතුන් වහන්සේගෙන් ලද පිළිතුර මෙය ය.

එම්බා මෝඝරාජය,
හැමවිට මනා සිහියෙන්

ඇස කන නාසය දිව කය මන නමැති
මෙ දිවිය දෙස
ආත්මයෙනුත්
ආත්මයකට අයත් දෙයිනුත්
හිස් ව ඇති වග
මනා නුවණින් දැක්ක යුතු වේ

මම ය මාගේ ය යන
ආත්ම දැක්ම මුළුමනින්
සිතින් ඉදිරූ තැනැත්තා
මරහුගේ බලපැරකුම්
සියලු දේ ඉක්ම යනු ඇත
මෙලෙස දිවියෙහි ඇති
සැබෑ තතු නිවැරදි ලෙස
හොඳින් දක්නා තැනැත්තා
මාරයාගේ නෙතට නොපෙනේ...